KB093963

EVENT DESIGN

제작과정의 경험을 바탕으로 한 이벤트연출의 기초

이벤트연출

김영석 저

ⓑ (주)백산출판사

머리말

이벤트는 계획된 사건(planned event)이고 바람직한 미래를 만드는 과정이라고 할 수 있습니다. 기획한 이벤트를 의도에 따라 실제로 개최하기 위해서는 여러 가지 환경의 조성과 많은 사람의 노력이 필요합니다. 이 글은 그러한 제작과정의 경험을 바탕으로 이벤트를 연출하는 데 필요한 기초적인 내용을 정리하였습니다.

전문적인 이벤트연출가는 연출을 실행하기 위한 나름의 틀을 갖추고 있을 것이기에 이 글에서 제안하는 내용을 이미 알고 있거나 불필요할 수도 있습니다. 하지만 이벤트를 처음 시작하는 처지에서는 이벤트라는 말도 연출이라는 말도 어렵게 다가옵니다. 어디서부터, 무엇부터 시작해야 할지 막막하기 때문입니다. 이 글은 그 시작을 준비할 수 있도록 도와주기 위한 것입니다. 연출에 대한 경험을 쌓고 숙달하게 되면 여기 적힌 내용과는 전혀 다른 각자의 연출 스타일을 체득할 수도 있다는 가능성을 열어두고 이글을 살펴보기 바랍니다.

내용은 전체 3부로 구성하였습니다. 1부는 이벤트의 개념과 연출의 개념이 어떻게 연결되는지 먼저 알아봅니다. 다음으로 이벤트연출을 어떻게 구성하고 운영하는지를 살펴봅니다. 2부는 연출을 위해 도움이 될 기초적인 기술에 대해 다룹니다. 어떻게 장면을 만들고 통합하여 전체적인 이벤트를 만들 수 있을지 살펴봅니다. 3부는 이벤트의 각 유형을 구분하여 연출을 설명합니다. 각 유형의 특성은 무엇이고 어떻게 장면을 구성할 수 있을지 생각해 봅니다. 여기서 소개하는 설명은 교과서적인 원칙이 아니라 하나의 예라는 것을 염두에 두고 살펴보기 바랍니다. 그리고 3부의 마지막에는 여러 가지 기술 활용의 예를 덧붙였습니다. 이벤트의 연출은 다양한 전문 분야와의 협업으로 이루어집니다. 그리고 끊임없는 탐구를 통해 새로운 기술을 접목하려고 노력합니다. 여기서 소개하는 기술적 내용이 특별히 중요하다기보다 새로운 생각과 기술을 활용하려는 노력을 강조하기 위한 목적으로 간략하게 소개합니다.

이벤트연출을 계속 경험하다 보면 유사한 기획상황을 많이 만나게 됩니다. 이때 과거의 경험에 머물지 않고 새로운 적용 방법을 고민하고 창의적 생각과 기술을 적용하여 적절한 연출장면을 찾기를 바랍니다. 많은 연출자는 최신 트렌드에 민감하게 반응할 필요가 있지만, 그보다는 사회문화적 이해가 더 중요하다고 생각합니다. 무엇보다 사회적 가치와 미래의 비전이 무엇인지 고민하는 자세가 필요합니다. 그러한 태도를 바탕으로 이벤트를 연출할 수 있을 때 이벤트 참가자를 체험몰입으로 이끌고 마음을 움직이며 참되게 변화시킬 수 있습니다.

끝으로 한 분 한 분 호명할 수 없지만, 이 글의 정리를 위해 실무적 도움을 주신 이벤트산업 현장의 여러분들과 학문적 도움을 주신 연구자들에게 먼저 감사를 드립니다. 또한, 출판을 허락하고 집필에 도움을 주신 백산출판사 관계자 여러분께도 감사를 드립니다. 더불어 늘 곁에서 응원을 아끼지 않는 아내와 아이들 그리고 부모님께 깊은 감사의 마음을 전합니다.

2022년 가을
퇴촌에서 저자 드림

차례

I 이벤트와 연출

1. 이벤트란 무엇인가? 11
가. 이벤트의 특성과 개념 / 11   나. 이벤트의 구성요소 / 12
다. 이벤트의 유형 / 15   라. 이벤트와 서비스 / 16
마. 이벤트 체험 / 19

2. 이벤트연출이란 무엇인가? 22
가. 연출 / 22   나. 이벤트연출 / 27
다. 이벤트연출가 / 28

3. 이벤트연출의 요소 30
가. 장소 / 30   나. 시간 / 32
다. 사람 / 33   라. 빛 / 34
마. 소리 / 35   바. 기타 감각 / 36
사. 매체와 출연자 / 37

4. 이벤트연출의 방법과 체계 39
가. 장면구성 / 39   나. 장면화 / 40
다. 연결 / 41   라. 리듬 / 42
마. 통합 / 42

5. 이벤트의 시설과 장치 44
가. 행사장과 시설 / 44   나. 장치 / 45

6. 진행대본과 큐시트 48

7. 이벤트연출 조직 51
가. 연출의 주요 주체 / 51
나. 연출 조직의 종류 / 53

Ⅱ 연출의 기술

1. 장면구성 Composition   61
가. 강조 / 61   나. 균형 / 72
다. 조화 / 77

2. 장면화 Scene   81
가. 장면제목 / 83   나. 장면의 분위기 / 84
다. 표현요소 / 85   라. 배경 / 86
마. 배치 / 87   바. 실제화 / 89

3. 연결 Sequence   91
가. 내용적 연결 / 91   나. 기술적 연결 / 93
다. 연결의 크기, 방향, 속도 / 93
라. 게슈탈트(Gestalt): 통합적 인식 / 94

4. 리듬 Rhythm   101
가. 리듬의 구성 / 102   나. 리듬의 효과 / 104
다. 리듬의 적용 / 106

5. 통합 Integration   108

Ⅲ 이벤트 유형과 연출

1. 전시이벤트   115
가. 전시이벤트의 개념 / 115
나. 전시이벤트 방문객 동선 / 117
다. 전시이벤트연출 / 117

2. 회의이벤트   122
가. 회의이벤트의 개념 / 122
나. 회의이벤트 참가자 동선 / 123
다. 회의이벤트연출 / 123

3. 축제이벤트   126
가. 축제이벤트의 개념 / 126
나. 축제이벤트 참가자 동선 / 127
다. 축제이벤트연출 / 129

4. 기업이벤트   140
　가. 기업이벤트의 개념 / 140
　나. 기업이벤트 참가자 동선 / 141
　다. 기업이벤트연출 / 143

5. 스포츠이벤트   148
　가. 스포츠이벤트의 개념 / 148
　나. 스포츠이벤트 참가자 동선 / 150
　다. 스포츠이벤트연출 / 152

6. 문화이벤트   155
　가. 문화이벤트의 개념 / 155
　나. 문화이벤트 참가자 동선 / 156
　다. 문화이벤트연출 / 159

7. 정치의례이벤트   163
　가. 정치의례이벤트의 개념 / 163
　나. 정치의례이벤트 참가자 동선 / 165
　다. 정치의례이벤트연출 / 166

8. 개인이벤트   169
　가. 개인이벤트의 개념 / 169
　나. 개인이벤트 참가자 동선 / 170
　다. 개인이벤트연출 / 171

9. 여러 기술의 활용   174
　가. 프로젝션 맵핑 projection mapping / 174
　나. 홀로그램 hologram / 174
　다. 드론 drone / 175
　라. 모션캡처 motion capture / 175
　마. 음성인식, 웨어러블 기기, 근거리 통신 등 / 176
　바. 메타버스 Metaverse / 176
　사. 인터랙티브 interactive / 177
　아. IOT, 클라우드, 빅데이터 / 178

■ 참고문헌 / 179
■ 찾아보기 / 182

EVENT

I

이벤트와 연출

1. 이벤트란 무엇인가?

가. 이벤트의 특성과 개념

우리 사회는 이벤트 없이 하루의 생활도 영유할 수 없을 정도로 이벤트가 일상적이다. 직접 체험하는 이벤트가 아닐지라도 방송, 언론, 그리고 인터넷을 통해서 끊임없이 이벤트를 접하고 있다. 이러한 이벤트는 우리말로 '행사(行事)'라고 번역하고 있으며 다양한 형태로 개최하고 있다.

그럼, 이벤트란 무엇일까? 여기서 이야기하는 이벤트는 '사건'으로 해석할 수 있는 본래의 개념에서 좀 더 특별한 무엇이다. 이벤트는 이미 발생한 후에야 확인할 수 있는 사건이거나, 언젠가는 생길 것만 같은 불확실한 그 무엇이 아니다. 그리고 조건을 주면 언제나 발생하는 물리적, 화학적 사건도 아니다.

이벤트는 긍정적 목적을 달성하기 위하여 계획한 내용을 참가자가 비일상적으로 함께 체험하는 활동이다.

이벤트는 사전적 의미의 사건, 사고에서 포함하고 있는 파괴적이고 부정적인 부분을 제외한 긍정적 활동이다. 그리고 이러한 이벤트의 긍정적 특성을 통해 행사개최의 타당성을 부여할 수 있다. 또한, 이벤트의 계획적 특성은 천재지변이나 사건, 사고처럼 이벤트가 우연히 발생한 것이 아님을 의미한다. 그리고 특정 조건을 갖추면 관찰할 수 있는 과학적 사건도 아니다. 즉, 우리가 사회적 삶 속에서 인위적으로 계획하고 준비하여 실행하는 활동이다. 그리고 이벤트가 지닌 비일상적 특성은 우리가 평상의 삶 속에서 상시로 겪고 반복하는 일상적 활동과 이벤트를 구분한다. 따라서 비일상성은 이벤트가 일시적이고 특별한 사회적 활동이라는 뜻이다.

나. 이벤트의 구성요소

이벤트를 구성하는 핵심적인 요소를 살펴보면 목적, 참가자, 장소, 시기, 내용(형식) 등이 있다.

〈그림 1-1〉 이벤트의 특성과 구성요소

1) 목적

주최자가 인위적으로 개최하는 사건으로서의 이벤트는 각기 고유한 목적을 지니고 있다. 행사의 목적을 기준으로 중심개념(concept)과 주제를 설정하고 형식과 내용을 결정하며 참가자의 범위, 장소, 시기 등 모든 요소의 내용을 다르게 구성한다. 그리고 개최조직이나 운영조직의 수준 등 준비과정과 운영에 관련한 전반적인 내용도 변화한다. 따라서 각 이벤트의 개최목적을 정확히 규명하는 것은 이벤트의 성패를 가늠하는 척도를 제시하는 것이다.

2) 참가자

이벤트는 많은 참가자의 활동으로 이루어지고 이벤트를 통해 집단적 경험을 공유한다. 참가자를 크게 분류하면 행사개최의 중심인 여러 이해관계자 그리고 행사대상으로서의 참가자가 있다. 이해관계자는 다시 행사의 주최자와 협력자로 나눌 수 있다. 이해관계자는 이벤트의 개최목적을 결정하는 원천을 제공하고 개최목적의 결정에 주체적 역할을 담당한다. 대상으로서의 참가자는 주최자가 이벤트를 통해 만나고자 하는 대상이고 목적을 구현하고자 하는 대상이다. 따라서 이벤트의 모든 구성과 연출은 참가자의 요구와 가치 달성에 초점을 맞춘다. 협력자도 순수한 참가자가 될 수 있다.

이해관계자든 대상이든 그 참가자가 누구인지를 알기 위해 프로파일(profile)을 확보하고 정확하게 분석함으로써 이벤트를 성공적으로 개최하기 위한 첫 발자국을 디딜 수 있다. 또한, 대상으로서의 참가자도 수동적인 수용자에 머무는 것이 아니라 이벤트를 만들고 해석하는 능동적 참가자로서 역할을 확대하고 있다. 그리고 더욱 적극적인 창조자로서 행사의 전면에 나서기도 한다.

3) 장소

참가자가 행사를 체험하는 물리적 공간인 개최장소는 개최목적과 참가자의 구성내용에 따라 결정한다. 개최장소는 행사내용을 구현하는 행사장과 지리적, 심리적 위치로써 접근성을 의미하는 개최지로 구분할 수 있다. 개최장소의 적확한 선택 그리고 최적의 구성과 운영은 이벤트의 목적 달성에 직접 이바지하고 참가자의 접근과 만족을 판단하는 기준으로도 작용한다.

연출의 관점에서 개최장소는 우리가 일상적 알고 있던 장소가 아니다. 이벤트를 구성하는 여러 요소를 활용하여 의미를 부여함으로써 새로운 장소로 변모하고 일상으로부터 분리되어 특별한 공간으로 탈바꿈한다. 행사참가자가 오감을 통해 비일상의 이러한 특별한 공간과 소통하고 체험할 수 있도록 연출한다.

4) 시기

이벤트는 미래에 다가올 특정한 시간과 정해진 기간을 조건으로 계획한다. 시기는 장소와 더불어 참가자의 접근성을 높이는 선택요소이고 행사형식의 선택과 내용의 결정에도 작용한다. 따라서 행사의 품질을 높이고 행사참가자의 만족을 향상하기 위해서는 개최시기의 적확한 선택과 기간의 배분이 매우 중요하다.

단순하게 말하면 이벤트가 참가자에게 제공하려는 것은 특정 시간의 고유한 경험이라고 할 수 있다. 이벤트는 행사참가자의 주관적 시간에 작용하는 내적인 체험내용을 구성한다.

5) 형식과 내용

행사참가자는 행사가 열리는 장소에서 형식이라는 외형적인 틀과 그것을 채우는 내용을 통하여 이벤트를 구체적으로 체험한다. 행사의 유형이라고도 할 수 있는 형식은 참가자가 체험하는 주 프로그램을 어떤 내용으로 구성할지를 판단하는 근거로 작용한다. 또한, 참가자의 체험을 강화하고 풍성하게 만드는 여러 보조 프로그램이나 서비스의 내용을 결정하도록 돕는다.

다시 말하면 행사의 형식과 내용은 각 이벤트의 고유성을 형성하고 행사개최의 현장에서 최종적인 모습으로 드러난다. 이를 통해 참가자가 체험하고 인식하는 오직 하나의 이벤트가 탄생한다. 성공적인 이벤트에서 참가자는 그 형식과 내용에 몰입하고 결합하는 강렬한 일치감과 감동을 경험한다.

다. 이벤트의 유형

이벤트의 유형은 학자마다 분류가 다양하다. Getz & Page(2016)는 이벤트의 유형을 문화의식이벤트, 정치이벤트, 예술과 오락이벤트, 스포츠이벤트, 여가이벤트, 사적이벤트 등으로 나누고 경계상의 이벤트 유형으로 플래시 몹(flash mob), 게릴라 공연(guerilla gig), 베개 싸움, 산타콘(SantaCon) 등과 같이 계획성은 모호하지만, 이벤트로 여길 만한 유형에 대해서도 언급하고 있다.

그리고 이경모(2000)는 이벤트의 유형을 목적과 형식을 기준으로 축제이벤트, 전시·박람회이벤트, 회의이벤트, 문화이벤트, 스포츠이벤트, 기업이벤트, 정치이벤트, 개인이벤트 등 여덟 가지로 분류한다. 그리고 그 밖에 이벤트의 다양한 분류 기준을 소개하고 있다.

예를 들어 주최와 목적으로 분류하면 공적 또는 사적 이벤트로 분류할 수 있고 규모와 참가대상으로 분류하면 메가이벤트, 국제이 벤트, 전국규모 이벤트, 지역 이벤트, 특정 단체 이벤트 등으로 나눌 수 있다. 참가자의 참가자격에 대한 개방성에 따라서는 개방형, 폐 쇄형, 중립형의 이벤트로 분류할 수 있고 참가자의 추구 방향에 따 라 감상형, 체험형, 욕구만족형, 정보취득형 이벤트 등으로 분류할 수 있다.

세상의 다양한 이벤트는 제각각의 형식과 내용으로 참가자에게 고유의 경험을 제공하므로 주최자는 각 이벤트의 목적과 주제에 맞 는 형태와 형식을 선택하고 체험몰입에 효과적인 이벤트의 내용을 구성하여 개최한다.

라. 이벤트와 서비스

〈그림 1-2〉 이벤트의 서비스적 특성

이벤트는 참가자에게 체험을 제공한다. 참가자의 이벤트 체험 은 주최자의 마케팅 관점에서 살펴보면 생산, 구매, 소비의 순서를 따르는 재화와 달리 생산과 동시에 소비가 발생하는 서비스 상품으로서의 특징을 지니고 있다. Kotler *et al.*(2006)은 서비스 상품의 특징을 무형성(intangibility), 불가분성(inseparability), 소멸성(perishability), 가변성(variability)으로 설명한다.

1) 무형성(intangibility)

행사 현장에 참가하지 않고서는 이벤트를 체험할 수 없다. 현장에 같이 있는 참가자일지라도 각자 체험한 이벤트 내용과 질이 다르다. 왜냐하면, 그들에게 제공하는 내용은 일정한 규격으로 생산한 유형의 물리적 상품이 아닌 정보제공이나 유희 등과 같은 비정형의 무형적 체험이기 때문이다. 그리고 이벤트의 체험은 물리적 상품처럼 단일한 형태로 제공할 수 없고 여러 가지 서비스와 물리적인 것을 결합한 복합적 체험이다.

또한, 생산과 동시에 소비가 이루어지는 서비스는 현장에서 생산하는 체험을 만나기 전에 그 내용 미리 확인하고 참가를 결정할 수는 없다. 공연을 관람하고 구매하는 것이 아니라 구매하고 공연을 관람함으로써 제품이 생산된다. 따라서 참가를 적극적으로 독려하고 마케팅하기 위해서는 체험을 예측할 수 있는 객관적인 정보를 미리 제공할 필요가 있다.

2) 불가분성(inseparability)

여러 이해관계자의 협력으로 제작하고 많은 참가자에 의해 체험하는 이벤트는 다른 서비스와 마찬가지로 체험을 제공하는 자와 체험 그 자체를 분리할 수 없고 참가자조차도 체험의 한 부분으로 상호작용한다. 예를 들어 미용이라는 서비스 제공은 미용사와 분리하여 상품을 구성할 수 없고 고객 없이 머리 모양을 완성할 수 없다.

이벤트에서 참가자는 이벤트의 구성내용과 상호작용할 뿐만 아니라 참가자 상호 간에도 영향을 주고받는다. 즉, 집단으로 체험하는 이벤트의 참가자 수나 특성은 이벤트의 품질을 결정하는 주요 요소로 작용한다. 따라서 성공적으로 이벤트를 개최하기 위해서는 주최조직, 협력자 그리고 참가자 등 전체 참가자는 물론 행사내용 등 여러 구성요소와 서로 간의 상호작용을 고려하는 통합적 사고가 필요하다.

3) 소멸성(perishability)

같은 이벤트는 존재하지 않으며 한번 개최한 이벤트는 같은 재현을 위해 그 자체를 저장할 수 없다. 같은 구성과 내용으로 반복해서 개최하는 이벤트도 과정과 결과에서 새로운 이벤트 체험을 전달한다.

객관적 입장에서는 이벤트의 시작과 끝을 개최 기간으로 한정할 수도 있지만, 참가자의 주관적 관점에서는 이벤트에 참가하는 기간을 다르게 정의할 수 있다. 이벤트의 개최를 인지하고 여러 사전 활동이나 준비 활동에 동참하는 시점부터 현장에 참가하고 이후에 이벤트를 추억하고 사후 활동에 참여하는 시점까지 참가 기간이라고 할 수 있다. 다시 말하면, 이벤트에 연결되어 활동하는 모든 기간을 이벤트에 참가하는 기간이라고 할 수 있다. 이벤트의 일회적이고 돌이킬 수 없이 소멸하는 참가와 체험을 효과적으로 제공하기 위해서는 참가의 전 과정을 고려한 계획과 준비 그리고 마케팅 노력이 필요하다.

4) 가변성(variability)

이벤트를 구성하는 제 요소 중 어느 하나가 바뀌면 다른 이벤트 체험이 된다. 같은 형식과 내용으로 계획한 이벤트라도 시간, 장소, 사람, 설비 등의 조건이나 상황 또는 능력의 변화에 따라 참가자가 체험하는 내용이 달라진다. 이는 이벤트의 다양한 가능성을 의미할 수도 있다. 하지만 개최자의 관점에서는 참가자에게 전달하려는 이벤트의 품질을 일정하게 통제하는 것이 어렵다는 것을 의미한다. 여기에 참가자의 서로 다른 기대치 그리고 특성이나 상태 등의 이질적 특성을 첨가하면 더욱 복잡한 가변성을 초래한다.

일정한 양질의 이벤트를 제공하기 위해서는 우선 참가자가 이벤트를 통해 얻고자 하는 공통의 이해를 찾아 구현하는 노력이 필요하다. 그리고 운영요원(staff), 실연자(performer), 장치설비(system) 등 여러 구성요소의 품질을 유지하기 위한 각각의 평가 기준을 마련하여 운영한다. 그리고 운영조직이 적정한 수준의 대응능력을 확보할 수 있도록 교육과 훈련 그리고 지속적인 연습이 필요하다.

마. 이벤트 체험

사전적 의미로 '사람이 몸소 겪음'을 체험이라고 한다. 따라서 체험은 감각을 통해 세상을 받아들이고, 인지적 능력으로 해석하며, 정서적 느낌을 부여하고, 육체적 행위로 표현하며, 주변과 관계를 맺음으로써 이루어진다. 이벤트에서 참가자가 겪는 체험도 마찬가지이다. 이벤트의 유형이나 구성에 따라 강조점이 달라질 수는 있

겠지만 참가자는 그 모든 것의 총합과 상승작용을 통해 이벤트를
체험한다.

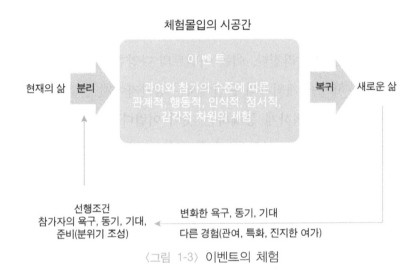

〈그림 1-3〉 이벤트의 체험

이벤트 참가자는 이벤트에 참가할 때 각자의 욕구와 동기 그리고
기대를 안고 이벤트에 참가한다. 이벤트에 대한 관여도가 높고 프
로그램에 직접 참여하는 수준이 높을수록 참가자는 최고조 체험 상
태인 체험몰입에 쉽게 접근한다. 참가자가 체험몰입에 이르면 욕구
의 충족 수준도 높아진다.

체험몰입을 통해 참가자는 이벤트 참가 이후의 태도와 행동이 참
가 이전과 다르게 변화하는 전도체험 상태에 다다른다. 전도체험은
이벤트에 참가했다는 정도만 기억하는 기저체험이나 체험의 내용
을 기억하고 공유할 수 있는 기억체험 등의 수준보다 높은 수준의
체험이라고 할 수 있다. 이벤트 기획자나 연출가가 지향하는 것은

바로 전도체험의 획득이라고 할 수 있다.

   이벤트연출가는 앞에서 언급한 제 구성요소를 바탕으로 참가자에게서 전도체험이 일어나도록 이벤트를 연출한다. 참가자는 일상적 삶에서 분리하여 전도체험이 이루어지는 이벤트를 통과하고 새로운 일상적 삶으로 돌아간다. 이벤트에 참가하기 전에 참가자가 품었던 욕구, 동기, 기대는 이벤트 체험을 통해 새로운 욕구, 동기, 기대로 변화한다. 이벤트는 우연한 변화가 아닌 의도한 모습으로의 변화를 추구한다. 이벤트에서 의도한 변화는 개인과 사회에 이롭고 긍정적이며 바람직한 미래의 달성을 의미한다.

2. 이벤트연출이란 무엇인가?

가. 연출

1) 연출의 의미

연출이란 무엇인가? '연출(演出)'이라는 글자를 우리말로 풀이하면 '꺼내어 펼친다'라는 뜻을 지니고 있다. 중국어에서 연출이라는 단어는 '공연하다'의 뜻으로 쓰이고 제작의 의미를 지닌 말로는 '도연(導演)'을 쓰고 있다. 도연은 '펼침을 이끌다'라는 뜻으로 풀이할 수 있고 지시 및 통제의 의미가 강하게 드러난다.

국립국어원 표준국어대사전에서는 연출을 '어떤 상황이나 상태를 만들어 냄'이라는 일반적인 뜻으로 풀이한다. 그리고 이 외에 공연 등과 관련하여 '연극이나 방송극 따위에서, 각본을 바탕으로 배우의 연기, 무대장치, 의상, 조명, 분장 따위의 여러 부분을 종합적으로 지도하여 작품을 완성하는 일, 또는 그런 일을 맡은 사람'이라고 한다. 마지막으로 이벤트와 관련하여 '규모가 큰 식(式)이나 집회 따위를 총지휘하여 효과적으로 진행함'이라고 설명하고 있다.

영어로는 direction 또는 production으로 쓰고 있는데 전자는 지시와 통제의 관점, 후자는 생산과 제작의 관점에서 표현하고 있다. 그렇지만 계획에 따라 꾸민다는 의미에서 design이 연출이라는 용어에 더 적당한 표현일 수 있다. 현대적 연출의 개념을 본격적으로 적용한 프랑스에서는 연출을 무대화 또는 장면화를 의미하는 'mise en scène'이라 쓴다. 영화에서 미장센은 리얼리즘 미학의 형식을 반영하고 한 화면을 이루는 이미지의 모든 구성요소가 의도한 주제를 통합적으로 드러내도록 만드는 작업을 의미한다.

연출의 일반적 의미를 살펴보면 연출가의 개인적 특성을 바탕으로 특정한 상황이나 상태를 만드는 창조적 작업이라 할 수 있다. 그리고 연출은 여러 물리적 요소를 구성하여 제시함으로써 전달하고자 하는 내적 진실을 표현한다. 물리적 요소는 시간과 장소, 소리, 빛, 도구, 몸짓 등을 말한다. 일상생활에서도 연출의 뜻을 '자신을 연출한다'와 같이 그대로 적용할 수 있다.

연출의 서양 역사를 살펴보면 고대의 기록에까지 닿는다. 고대의 제전에서 공연의 전체적 준비와 지도를 맡고 출연까지 하였던 작가가 있었다. 중세에는 전문적이고 직업적인 축제감독이 한 달 이상 상연하는 공연을 돌아다니며 연출을 하였다. 그렇지만 현대에 이르기 전까지는 제작과정을 통제하는 감독의 의미가 강하였다. 자신만의 독창적인 무엇을 만들어내기 위하여 전체를 총괄적으로 지휘하는 연출이 나타난 것은 고작 1세기 남짓하다. 그 후 공연 분야에서 시작한 연출은 짧은 시기 동안 영화 등 다른 분야로 빠르게 넓혀졌고 이제는 개인적 일상에서 개성의 표출이라는 뜻으로도 쓰이고 있다.

정리하면 연출은 사람에게 무엇인가를 체험하게 하거나 느끼게 하려고 인위적으로 세상의 무엇인가를 꾸미는 행위를 말한다. 따라서 정의에서 살펴본 이벤트의 특성을 고려할 때 연출을 적용하지 않고서는 이벤트를 제작하기 어렵다는 것을 알 수 있다.

2) 연출의 시작

역사적인 관점에서 서양 연출(演出)의 기원은 고대로 거슬러 올라 간다. 아테네에서 신을 경배하며 5일간 펼쳤던 축제 '디오니소스 제 전'에서 극작가 겸 연출가였던 'didaskalos(교사)'가 비극을 연출한 것 이 처음이다. 그 직책이 맡은 역할은 극작하는 것과 더불어 공연에 도 직접 출연하고 배우와 코러스의 지도, 음악 제작과 안무, 무대 설 치 등 모든 과정을 책임졌다.

중세 때에도 '축제감독(pageant master)'이 성서극을 연출하였다. 후 대에는 창세기(구약)에서 심판(신약)까지를 다루는 장대하고 복잡한 내용으로 여러 날(때론 한 달 이상)에 걸쳐 상연하는 연쇄극을 연출함 으로써 현대의 연출가와 비슷한 임무를 수행하였다. 그 임무를 보 면 배우의 선정, 훈련, 규율은 물론 무대의 설치를 위한 재료 구매와 제작, 기타 공연 물품의 구매, 입장료 관리, 공연 중에는 막간 해설 을 담당하는 등 공연을 위한 전반적인 업무를 수행하였다.

르네상스 이후, 야외공연이 극장 형태의 실내공연으로 옮겨지고 공연의 내용이 제시적 설명의 형태에서 사실을 재현하는 것으로 변 모함으로써 더욱 복잡해졌다. 이때에는 극작가, 혹은 선배 배우가 공연 제작을 지도하였고 18세기에 이르러서는 극장과 극단을 소유 한 대배우(actor manager)가 공연 제작을 총괄적으로 지휘하여 연출하 였다.

프랑스의 Denis Diderot(1713-1784)는 삶을 자연스럽게 표현하기 위해 시각적 이미지인 몸짓(pantomime), 어법(소리), 무대장치나 오브제 등을 이용하여 움직이는 그림(tableaux vivant)을 만드는 것을 연극이라고 주장하였다. 다시 말하면 매우 자연스럽고 사실적이며 회화적 가치가 있는 장면과 장면의 연결(배치)을 의미한다. 이러한 통일성 강조 즉 앙상블의 개념에 관한 주장은 후대에 나타나는 연출 개념의 태동을 의미한다.

3) 현대적 연출의 태동

19세기 낭만주의 상상력이 공연의 전반을 지배하면서 멜로드라마의 전성기가 펼쳐졌다. 그 결과 멜로드라마에서 표현하려는 우연적 상황과 스펙터클 장면을 효과적으로 꾸미기 위하여 치밀한 공연연출을 요구하였고 이러한 바탕에서 현대적 연출이 태동하기 시작하였다. 처음에는 무대감독(stage manager; régisseur)이 연출을 담당하였고 나중에 제작자(producer)라고 호칭하였으며 연습, 무대, 조명, 의상, 음향 등 공연의 모든 업무를 총괄하였다. 그 당시 힘을 얻기 시작한 시각적 요소를 더욱 강조한 대본을 중심으로 사실적 무대표현을 위해 연출의 지위가 필요하였다. 이러한 무대표현은 기존의 대사를 중심으로 한 청각적 대본과의 대립을 드러냄으로써 텍스트와 무대, 문학과 공연이라는 극적 대비를 도출하였다.

20세기 중반에 이르러서 제작자라는 호칭은 연출가(혹은 감독, director)로 바뀌었다. 현대적 연출의 태동에 이바지한 주요 인물 중 영국의 Sir Henry James(1838-1905)가 대표적이다. 그는 한 편의 공연을 수행하면서 통합된 총체적 효과를 창출하도록 노력하였다. 그는 다양한 무대디자인을 도입하여 각종 장치와 대소도구를 입체적으로 활용하였고 총연습은 물론 기술연습을 도입하였다. 프랑스의 Adolph Montigny(1805-1880)는 연출을 독립적 예술 분야로 인식시킨 최초의 인물로 일컫는다. 그는 공연에 사실성을 강화하고 공연을 우연이 아닌 인과관계(동기부여)에 따라 구성하였다. 그리고 예술에서 현대적 연출의 권위를 수립한 인물은 미국의 Augustin Daly(1836-1899)이다. 그는 공연자(performer)와 장치를 비롯하여 한 공연의 모든 요소를 철저히 통제하고 사실적 효과를 창출하기 위하여 노력하였다.

4) 현대의 연출

'유기적으로 통합한 총체적 효과의 달성'이라는 현대적 연출의 방법적 개념을 처음 적용한 대표적 두 인물은 독일의 Duke of Saxe-meiningen(1826-1914) 그리고 작곡가로 유명한 Richard Wagner(1813-1883)이다. 이들은 완벽하게 통합성을 구현한 공연을 만들기 위해 심혈을 기울였다. 전자는 사실주의를 후자는 상징주의를 지향하여 대조적 성향을 보이지만 그 표현 방법이 현실의 반영이든 주관적 상상이든 상관없이 무대 위에 펼쳐진 환영(illusion)이라는 의미에서 같은 것이라고 할 수 있다.

그들의 노력에 이어 중요한 현대 연출가로 인정받는 인물은 프랑스의 Andre Antoine(1858-1943)이다. 그는 연출(mise en scène)을 '지금 막 탄생한 예술'이라고 표현하였다. 연출은 물질적인 무대 요소들을 엮는 것뿐만이 아니라 비물질적인 요소인 지적이고 창조적인 주관적 해석을 강조하고 실천하였다. 다시 말하면 낭만주의에서 시작한 과거의 전통에 얽매이지 않는 자유로운 표현 정신을 공연에 실현하였다. 한편, 다윈의 진화론에서 출발한 환경결정론이라는 현대적 개념을 반영하여 공연의 모든 요소를 통제하여 표현하는 사실주의적 공연을 실현하였다.

그것은 작가의 텍스트와 관객에게 보여줄 무대를 매개하는 제삼자 즉, 해석적 개념의 연출이 필요하게 되었음을 의미한다. 또한, 총괄적 지휘자로 역할을 하는 연출의 탄생은 무대 기술의 발달에 따라 복잡해진 공연 제작과 각 분야의 전문성 확대가 또 다른 원인으로 작용하였다. 그 이후 탄탄하게 힘을 얻은 연출가의 역량을 바탕으로 공연양식의 다양한 실험 그리고 인간 정신과 삶에 관한 탐구가 꽃을 피웠다.

나. 이벤트연출

이벤트의 제작을 위한 역할에는 크게 기획과 실행이 있다. 이벤트 제작을 위해서는 실행보다는 기획과정에 훨씬 많은 시간과 노력을 요구하지만, 이벤트의 성공에 대한 평가는 실행에 집중되어 있다. 올림픽, 세계박람회, 월드컵 같은 메가이벤트를 개최할 때는 유치와 준비 기간을 포함하여 10년 넘게 기획이 이어지기도 한다. 그렇지만 그 성공 여부는 그 이벤트를 개최한 며칠이나 몇 주 혹은 길어야 6개월 정도에 주목한다. 이렇듯이 이벤트의 개최를 위한 노력과 힘은 실행의 현장에 모인다. 이러한 실행의 현장에서 이벤트 체험을 창출하는 핵심적인 역할은 연출이 맡는다.

그리고 의도한 경험을 통해 참가자의 변화를 추구하는 이벤트의 특성상 연출의 역할 없이 이벤트를 개최하기 어렵다. 왜냐하면, 이

벤트의 모든 요소를 총체적, 유기적 방식으로 통제할 때 의도한 이
벤트를 개최할 수 있기 때문이다. 이러한 통제에 실패하면 참가자
의 체험은 우연에 의해 지배받는 결과로 이어지기 쉽다. 결국, 이벤
트를 통해 의도하였던 바람직한 미래를 만들지 못하고 우발적 사건,
사고로 끝날 수 있다.

다. 이벤트연출가

이벤트에서 연출은 주최자의 개최목적 달성을 지지한다. 따라서
예술적인 작업으로서의 연출과 비교하면 자유로운 창의적 표현에
는 한계가 있고 대부분 대중성을 지향한다. 그렇지만 표현의 방법
은 유사하다. 이벤트의 프로그램은 연출가의 개인적 역량이나 탁월
함으로 구성한다는 주장이 힘을 얻기도 한다. 그렇지만 이벤트의
제작과정과 실행 내용을 살펴보면 개최자, 기획자, 스태프, 협력업
체를 비롯한 여러 이해관계자와의 요구와 기대 그리고 의견을 바탕
으로 연출내용을 완성한다. 이벤트를 체험하는 참가자도 준비과정
과 현장에서 연출의 구성요소로 작용한다.

소규모의 이벤트에서 한 사람이 기획과 연출을 모두 담당하기도
한다. 그렇지만 대부분 기획자는 이벤트의 총괄적인 관리자로서 진
행과 운영을 담당하고 연출가(감독)는 핵심 프로그램의 아이디어를
실현하는 역할을 담당한다. 이벤트 제작의 시작부터 연출가가 동참
하여 콘셉트 개발이나 프로그램 아이디어 창출에 도움을 줄 수 있
다. 때로는 이벤트의 기본적인 준비를 완료하고 나서 그 내용을 구
체적으로 실현할 수 있는 연출가를 찾아 맡기기도 한다.

이벤트의 형식이 다양한 것과 마찬가지로 서로 다른 연출가들이 활동하고 있다. 크게는 공연 중심의 연출가와 의식·의례 중심의 연출가로 구분할 수 있다. 그 밖에도 스포츠 경기를 진행하는 연출가, 복합적인 프로그램의 축제를 구성하는 연출가, 설치 디자인 중심의 전시나 박람회 연출가, 회의와 의전 중심의 연출가, 다수의 집객과 흐름을 다루는 판촉 행사 연출가 등으로 전문분야를 구분할 수도 있다.

3. 이벤트연출의 요소

이벤트를 효과적으로 연출하기 위해 장소, 시간, 사람, 빛, 소리, 냄새, 맛, 질감, 매체, 출연자 등의 요소를 활용한다. 연출의 요소는 개최장소의 모든 요소와 그것을 내외부로 연결하는 요소라고 할 수 있다. 요소의 도입, 제거, 첨가, 삭제, 강화, 축소, 은폐, 활용, 배제[1] 등 연출에서 통제할 수 있는가 아닌가를 파악하고 연출의 제약 요소를 확인하는 것도 중요하다.

가. 장소

이벤트연출의 배경이자 개최 형식의 기본적인 틀로 작용하는 것이 이벤트의 개최장소이다. 이벤트의 장소를 실내와 실외로 간단하게 구분하여 비교하더라도 같은 내용과 주제의 이벤트 개최에 완전히 다른 연출이 필요하다. 기존 시설을 이용할 때와 임시시설을 이용할 때 역시 연출의 방향이 달라진다. 상설무대라고 하더라도 무대형식이 무엇인지에 따라 다른 연출이 필요하다.

장소는 3차원의 공간이다. 폭과 높이 그리고 깊이가 있어 입체적 공간을 형성한다. 그렇지만 연출에서는 참가자의 지배적 시선을 기준으로 평면적 구도로 단순화하면 연출이 비교적 쉬워진다. 즉, 가장 많은 참가자가 관람하는 위치나 선호하는 위치 등 주요 위치에

---

1) 도입은 새로 가져옴, 제거는 있는 요소를 없앰, 첨가는 있는 요소에 보탬, 삭제는 있는 요소의 부분을 지움, 강화는 요소기능을 높임, 축소는 요소의 기능을 낮춤, 은폐는 있는 요소를 가림, 활용은 있는 요소를 다르게 사용함, 배제는 있으나 무시함 등을 의미한다.

서 바라본 시각을 지배적 시선으로 설정하고 전체적인 연출을 구성한다. 이때 지배적 시선에서 바라보는 광경은 부단하게 이어지는 동영상으로 펼쳐지겠지만 연출가는 몇 장면으로 쪼개어 단순하게 연출하는 것이 다루기 쉽다. 그리고 각 장면은 주요 장면을 중심으로 묶어서 한 장의 그림처럼 연출을 구성한다. 따라서 연출의 전체 시나리오는 각 평면 위에 그려진 몇 장의 주요 장면으로 요약할 수 있다.

기술적으로 각 장면의 평면 위에 필요한 여러 구성요소를 배치하여 느낌과 미적 감각을 형성함으로써 각 장면에서 전달하고자 하는 의미와 내용을 전달한다. 예를 들어 장면의 구성요소를 수직으로 나열하면 상승이나 자유의 분위기를, 수평으로 놓으면 안정적 분위기를, 좌측으로 상승하도록 배치하면 극적 비조화를, 우측으로 상승하도록 배치하면 서정성을 표현할 수 있다.

그리고 장면의 연속이라는 관점에서 전시장 참가자가 관람하는 지배적 시선은 안정성을 유지하되 이동하는 중 특정 위치에 낯선 시선의 장면(주제)을 삽입함으로써 깜짝 효과를 연출하고 깊은 인상을 남길 수 있다.

축제나 전시처럼 복합적 공간이 필요한 이벤트는 공간을 나눔으로써 다양한 연출을 할 수 있다. 예를 들어 전시이벤트에서 공간 구분으로 시간의 확장과 축소(비약)를 표현하거나, 의미의 분절 또는 전환을 배치하는 등의 연출이 가능하다. 미로형의 복잡한 구조를 활용하면 시간과 체험의 양이 늘어난다. 사전 정보를 제공하는 대기 공간을 설정하면 이벤트 체험에 대한 기대와 만족을 증폭할 수 있다. 체험의 흐름 과정에 적절한 휴식을 설정하고 암시를 배치함으로써 체험의 상승을 도모하거나 주제의 변화를 꾀하며 다양하게 이야기를 풀어갈 수 있다.

공간의 분할은 이벤트 운영의 효율을 위해 활용할 수 있다. 서비스 동선과 관람 동선의 구분, 대기실과 공연무대의 구분 등이 그 예라고 할 수 있다. 무엇보다 일상과 명확하게 구분할 수 있는 '이벤트 장소'의 연출은 참가자가 비일상적인 시공간에 진입하였음을 느끼고 그 이벤트만의 고유성을 인식할 수 있도록 돕는다. 이러한 분리의 인식은 이벤트 체험에 적극적으로 몰입할 수 있도록 참가자의 참여 활동을 돕는다. 이벤트를 통한 변화와 추억은 비일상적인 이벤트 장소로부터 시작한다.

나. 시간

시간도 장소와 마찬가지로 이벤트의 배경이고 이벤트의 연출내용을 결정짓는 중요한 요소이다. 추수 감사축제, 사순절 전의 카니발, 성인식과 같은 통과의례 등은 시간 자체가 핵심적 요소로 작용한다. 정부 기관에서 주최하는 기공식이나 준공식은 선거와 같은 정치 일정에 맞추기도 한다. 이벤트의 개최 시기나 기간, 프로그램 시간 등은 전통에 따르기도 하지만 예산과 참가 규모에 따라 조정될 수 있다.

이벤트의 시간을 효과적으로 활용하기 위해서는 연출의 역할이 매우 중요하다. 그리고 성공적인 연출을 위해서는 적절한 준비 기간이 필요하다. 아무리 훌륭한 연출 아이디어가 있어도 준비 기간이 부족하면 그 이벤트는 제대로 실현할 수 없다.

개최 기간 전체를 하나의 그림으로 생각해야 좋은 연출을 완성할 수 있지만, 더욱 주목할 시간은 개별적 참가자 한 명 한 명이 체험하는 시간이다. 의식이나 의례는 이벤트의 전체 시간과 참가자의 체험이 거의 일치한다. 반면에 축제의 참가자는 지속해서 머물거나 매일 방문하기보다 대부분 축제 기간 중 어느 하루를 선택하여 평균 4~5시간 정도 머문다. 개별 참가자가 체험하는 시간 동안에 체험을 기승전결과 같이 시작하고 완성할 수 있도록 한다. 그래서 축제, 전시 등의 이벤트는 참가자가 주로 방문하는 시간대의 파악과 동선의 구성이 중요하다. 핵심 프로그램을 기준으로 체류시간을 고려하여 체험내용을 구성할 수도 있다.

결과적으로 좋은 연출은 참가자들이 일상적인 외부시간을 인식하지 못하도록 분리함으로써 고유의 '이벤트 시간'을 창출하고 각 참가자가 쉽게 체험에 몰입할 수 있도록 이끈다. 참가자는 시간과 장소를 바탕으로 연출한 고유한 이벤트를 체험하고 일상으로 복귀한다.

다. 사람

참가자가 개인적 특성에 따라 체험의 기억과 추억을 각자 다르게 새기더라도 이벤트의 체험은 집단 안에서 발생한다. 먼저 이벤트에 초대할 대상이 누구인지를 파악하여야 그 특성에 맞추어 연출을 구성할 수 있다. 시간대별 집객과 배치 방법, 동선 등 흐름의 구성, VIP나 특정인의 강조, 참가자 간의 상호작용 등 다양한 연출 방향을 고려한다.

예를 들어 스포츠이벤트에서는 각 팀의 응원 열기를 어떻게 대비하고 훌리건 같은 충돌을 어떻게 피할 것인가를 고려하여 연출할 수 있다. 회의나 세미나는 집단을 어떻게 분류하여 구성하느냐가 중요하다. 그리고 선도적 집단이나 준거집단을 적절히 활용하여 연출함으로써 군중을 효과적으로 유도하여 움직일 수 있다. 군중을 모으고 분산하는 흐름을 관리하는 동선은 이벤트연출의 중요한 요소이다. 대소규모로 모인 군중은 한 덩어리의 오브제로 생각할 수 있고 그 움직임을 동적, 정적 연출의 요소로 활용할 수 있다.

라. 빛

인간의 감각기관 중 시각이 차지하는 영향력이 가장 큰 까닭에 빛 없이 다른 감각만으로는 연출의 의미를 효과적으로 전달하기 어렵다. 그리고 잘 통제한 빛은 연출 의도를 더욱 쉽고 명확하게 전달할 수 있도록 도와준다. 연출은 빛을 기본적인 도구로 활용하여 배경을 설정하거나 평면감과 입체감을 부여하고, 강조와 배제 등의 효과를 창출할 수 있다.

연출에서 활용하는 빛은 자연광과 인공조명으로 구분할 수 있다. 통제가 힘든 자연광은 연출에 활용하기 어렵지만, 원하는 연출 효과를 창출하기 위해서는 자연광에 대한 이해가 필요하다. 옥외에서 개최하는 이벤트 무대의 전면이 해를 안고 행사를 진행할 때 관객은 역광을 피하여 무대를 편하게 바라볼 수 있고 무대의 연출내용도 잘 드러난다. 자연광의 밝기나 방향, 색온도는 영상의 촬영이나 분위기 설정에 영향을 미친다.

인공조명은 조도, 조명의 색, 분포와 배치, 조명의 움직임과 변화 등을 활용하여 연출한다. 조도는 대상을 비추는 빛의 양을 의미한다. 색은 감정을 움직이는 분위기를 창출함으로써 주제 전달을 강화한다. 관객이 보는 대상의 색은 사물의 색 그대로가 아니라 조명의 색과 밝기에 따라 달라진다. 분포는 조명의 배치와 수량에 따른 빛의 방향과 범위 그리고 선명도와 질감 따위의 표현을 포함한다. 빛의 움직임은 점멸 또는 조도나 색의 변화를 통해 활용할 수 있고, 스폿조명이나 무빙라이트 등과 같은 광원(조명) 자체의 움직임을 활용할 수도 있다. 연출내용을 투사하는 영상장치도 표현하는 내용과 별도로 조명의 하나라는 관점에서 연출한다.

조명의 기본적 기능은 분위기 조성이다. 연출에서는 무엇을 어떻게 보여 줄 것인가를 결정하는 가시성 부여가 중요하다. 선택과 배제를 통해 가시성을 설정한다. 연출은 무엇을 보이게 할 것인가, 또렷하게 또는 흐리게 보이게 할 것인가, 아니면 보이지 않게 할 것인가를 선택하거나 변화를 주어 활용한다. 조명의 방향을 조정하고 그림자를 활용하여 행사장이나 대상을 평면적으로 또는 입체적으로 연출할 수 있다. 아니면 다른 모양으로 왜곡하거나 과장하는 모델링으로 연출할 수도 있다. 조명은 많은 전력을 소모하므로 충분하고 안정적인 전력량을 확보가 필수적이고 배선 등 안전에 대한 주의도 필요하다.

마. 소리

시각적 이미지와 더불어 소리는 메시지를 전달하는 주요한 수단이다. 메시지는 사람의 목소리나 배경 음향으로 전달한다. 준비나 대기를 위한 공간에서 또는 주 프로그램을 시작하기 전에 음악이나 효과음을 활용하여 분위기를 조성함으로써 참가자의 체험몰입 수준을 높일 수 있다.

소리를 효과적으로 전달하기 위해서는 여러 음향장치의 활용이 필요하다. 공간의 크기나 형태에 따라 음향설계가 달라지지만, 프로그램의 내용과 형식이 연설인가, 노래인가, 연주인가에 따라서도 필요한 장치나 사용 방법이 달라진다. 연설과 공연이 함께 이루어지는 때가 많으므로 음향장치를 서로 다르게 맞추어 사용하고 개별 공연자나 악기의 특성에 따라서도 사용 방법이나 조율이 달라짐에 주의한다.

바. 기타 감각(냄새, 질감, 맛)

백화점이나 카페 등의 마케팅에 향기를 활용하듯이 향기를 이용한 연출도 가능하다. 빵 굽는 냄새는 식욕을 돋우고 커피 향과 어울리며 자동차의 가죽 향은 새 차의 느낌을 살려준다. 피톤치드 향은 숲속의 싱그런 느낌을 불러일으킨다. 추억을 되살리는 특정 향기는 개인이 간직한 고유의 정서적 상황으로 이끈다. 이벤트연출의 효과를 위해서 참가자의 냄새에 대한 기억, 특히 집단적 기억이 무엇인지에 대한 관심이 필요하다. 그리고 향기 치료에 대한 지식도 활용한다.

간단한 음료를 비롯하여 다양한 음식을 이벤트에서 제공할 때 식음료의 향기뿐만 아니라 맛 또한 분위기 연출에 많은 도움을 준다.

맛 자체가 그 이벤트의 고유한 기억으로 남을 수 있고 이벤트의 주
제나 메시지를 상징하는 맛과 식음료를 제공하여 분위기를 돋울 수
있다. 특히 회의의 간식(카나페, 핑거푸드 등) 제공도 색다르게 연출하
여 활력을 유도하기 위해 신선한 맛을, 편안한 느낌을 유도하기 위
해 익숙한 맛을 제공할 수 있다.

질감을 통한 연출은 사물의 촉감을 통해 전달할 수 있지만, 이미
지만으로도 전달할 수 있다. 첨단적 분위기를 연출하기 위해 금속
의 매끄럽고 찬 질감을 활용하고 부드럽고 편안한 느낌을 연출하기
위해 벨벳이나 모피의 질감을 활용할 수 있다. 조명의 대비나 조도,
색상 그리고 프로젝션 맵핑 등을 활용하여 질감을 연출할 수도 있
다. 참가자에게 직접 느낌을 전달하는 좌석의 촉감이 지닌 질감은
편안함을 줄 수 있도록 더욱 세심하게 연출한다. 향기, 맛, 질감 등
의 연출은 행사장소에서 제공하는 편의와 쾌적성에 대한 만족과 직
접 연결되어 있다.

사. 매체와 출연자

참가자는 매체와 출연자를 중심으로 이벤트를 체험한다. 만약 매
체를 활용하여 참가자와 소통하지 못하면 이벤트의 의미를 전달할
수 없다. 다시 말하면 참가자는 다양한 매체를 통하여 이벤트의 의
미와 정보를 얻는다. 이벤트연출은 출연자와 오브제, 영상 등 다양
한 매체를 활용하여 메시지를 구성한다. 모바일 기기나 인터넷을
활용하면 이벤트 참가자를 능동적인 출연자로 활용할 수도 있다.

참가자가 만나고 싶은 출연자는 이벤트의 핵심적인 연출 요소로

작용하기 때문에 그 선정이 중요하다. 하지만 출연자의 대중성이 이벤트의 메시지를 압도하여 많은 예산을 투여하였음에도 주제와 상관없이 출연자만을 위한 독무대를 만들어 주는 잘못을 초래할 수도 있다.

회의이벤트는 초청 연사, 발표자, 일반 참가자까지 대상의 선택에 따라 주제의 중심이 바뀔 수 있다. 주요 인사의 참석 내용에 따라 회의실의 크기나 시간 등 많은 변화가 뒤따르기 때문에 주의가 필요하다. 산업전시이벤트에서 각 참가 부스의 크기나 이미지는 어느 정도 제한할 수 있지만, 연출적 통제는 쉽지 않다. 특히 대규모 참가업체와는 연출내용과 프로그램 구성을 위한 긴밀한 협조가 필요하다. 산업전시이벤트는 주제 전달을 위해서 주제관을 별도로 설치하기도 한다.

4. 이벤트연출의 방법과 체계

연출가마다 나름의 방법과 체계로 연출을 완성한다. 이 글에서는 제작 경험을 바탕으로 효과적 이벤트연출을 위한 표현기술을 하나의 예로 구성하여 소개한다. 소개하는 연출방법은 장면구성, 장면화, 연결, 리듬, 통합으로 정리하였다. 이 방법들은 설명의 편의를 위해 나누어 소개하고 있지만, 실제 연출에서는 하나의 연출작업으로 거의 동시에 이루어지는 과정이다. 따라서 설명에 다소간의 중첩이 발생할 수 있다.

가. 장면구성

구성이라는 말은 디자인이나 연출로 바꾸어 쓸 수 있다. 따라서 장면구성은 이벤트의 전체 시나리오의 한 부분을 이루는 장면의 연출이나 디자인이라고 할 수 있다. 각 장면의 연출이 모여 전체적인 연출을 완성한다.

그리고 전체의 각 장면에 공통으로 적용하는 기초적인 장면구성이 있다. 기초적인 장면구성의 대표적 예로 무대디자인을 생각할 수 있다. 같은 무대에 등장 요소를 바뀌어 배치함으로써 장면의 전환이 발생한다. 다른 예로는 같은 형식으로 반복하는 출연자 등장 장면의 구성을 생각할 수 있다. 이때 어느 정도 기대가 형성될 만큼 그 구성이 반복되었을 때 등장 음악을 바꾸거나, 등장 위치를 바꿈으로써 새로운 장면을 쉽게 강조할 수 있다.

장면구성은 한 장면의 주제와 내용을 드러내기 위하여 여러 가지 요소를 배치하고 불필요한 요소를 제거하는 것으로 미장센(mise en scene)이라고도 한다. 주요한 방법으로 강조, 균형, 조화를 활용한다. 핵심적인 것을 강조하고 요소 간의 균형과 불균형을 활용하며 조화와 부조화를 표현함으로써 장면의 의미를 부여하고 메시지를 전달한다.

장면구성은 다음에서 소개하는 장면화의 기본적인 도구이다. 장면화의 의미를 부여하지 않고 앞뒤 장면과의 연결성이 없더라도 각 장면구성은 독립적으로 미적 균형이나 불균형을 지닌다.

나. 장면화

장면화는 전체 시나리오 중 한 장면을 실제 장면으로 제작하는 것을 말한다. 이야기나 대본 속의 한 장면을 이벤트 현장에 형상화하여 참가자가 체험할 수 있도록 연출하는 각각의 장면이다. 일반적으로 하나의 장면화는 장면구성의 지속적 배치를 바탕으로 한다. 예를 들어 공연프로그램에서 '출연자의 등장'의 장면화는 빈 무대에 출연자가 나타나 특정 위치에 도달함으로써 완성한다. 전시이벤트에서 '진입공간'의 장면화는 진입공간의 장면구성에 관람객이 통과할 때마다 상호작용함으로써 완성한다.

각 장면의 구분은 시간이 아닌 의미와 기능을 기준으로 한다. 이벤트연출에서는 일반적으로 기능을 중심으로 나눈다. 예를 들어 공연프로그램 연출에서 '사회자 인사', '초청 가수○○○', '소개', '△△△무용단' 등으로 나누어 장면화를 시도한다. '초청 가수○○○'이라는 장면을 더욱 세부적으로 나누면 무대 등장과 노래, 인터뷰, 퇴장 등으로 구분할 수 있다. 많은 경우 초청 가수의 노래는 3곡을 기본으로 한다. 대체로 첫 곡의 전주와 함께 가수가 등장하여 1곡이 끝나면 인사, 자기소개와 인터뷰 등을 하고 2곡을 연속으로 부르고 퇴장한다. 이 시나리오 전체를 하나의 장면으로 처리할 수 있다. 그렇지만 의미를 더욱 세밀하게 전달하기 위해서 등장, 노래, 소개 등으로 더 쪼개어 장면을 연출할 수도 있다. 1곡의 노래도 곡의 구성, 연주방식, 안무, 영상의 변화 등을 기준으로 장면을 더욱 세부적으로 나눌 수도 있다.

다. 연결

연결은 앞 장면과 뒤 장면의 연결을 의미한다. 장면의 연결 방법으로 기술적 연결과 내용적 연결로 크게 나누어 설명할 수 있다. 연결은 기본적으로 시나리오의 전개 순서에 따른 내용적 연결이다. 기술적 연결은 내용적 연결이 가능하도록 지원한다. 기술적 연결은 장면과 장면을 자연스럽게 연결하는 방법이다. 출연자의 등장 장면에서 출연자가 지정한 자리에 도착할 때까지 배경음악을 틀거나 연주를 하는 것은 기술적 연결이다. 등장 시에 영상으로 프로필을 상영하는 것은 출연자의 의미를 강화하는 측면에서는 내용적 연결이고 등장의 어색함을 줄이고 부드럽게 한다는 측면에서는 기술적 연결이다.

라. 리듬

리듬은 우리말로 율동감이라고 할 수 있다. 연출에서 리듬은 장면과 장면을 연결하는 속도감이나 강조를 통해 결정한다. 결말까지 숨 막히게 달려갈 수도 있고 쉬엄쉬엄 갈 수도 있다. 하나의 장면 안에서도 흥겨운 가락에 따라 움직일 수도 있고 정적인 분위기의 연출을 선택할 수도 있다.

형태와 박자로 리듬을 표현한다. 형태에서의 리듬은 시청각적으로 연속하는 인상 덩어리의 배열로 표현한다. 핵심적인 강조점을 뒷부분의 장면에 배치하는 것은 상승의 느낌을 전달하는 리듬이다. 앞부분에 강조점을 노출하고 그 뒤로 약한 배경을 배치하는 것은 명징하고 형식적인 느낌을 전달한다. 이벤트 전체의 리듬과 각 장면의 리듬을 통합적으로 잘 연결함으로써 풍부하고 생동감 있는 교향악의 연주를 감상하는 것처럼 이벤트의 주제를 전달할 수 있다.

마. 통합

각 장면은 전체 시나리오의 흐름 안에 통합함으로써 생명력을 획득하고 비로소 이벤트연출을 완성할 수 있다. 한 장면의 의미나 역할은 전체 시나리오를 전제로 한다. 따라서 각 장면은 전체 시나리오에 비추어 그 필요성이 타당해야 한다. 아무리 아름다운 장면도 시나리오와 관련이 없다면 무용지물이고 삭제해야 한다.

그리고 장면의 연결은 통합의 관점에서 참가자가 이해할 수 있어야 한다. 갑작스러운 내용의 등장이나 비약은 참가자를 어리둥절하게 만들고 기술적 실수나 어색함은 장면과 장면의 연결을 끊어 통합을 해친다. 이벤트의 연출은 대중의 이해를 넘어서는 예술적, 심미적 가치의 실현에 있지 않다.

통합의 과정은 사전 연습과 시뮬레이션을 통해 완성한다. 좋은 시나리오도 연습을 통해 기대하는 실행의 리듬을 확보하지 못하면 전혀 엉뚱한 결과를 초래할 수 있다. 시스템을 비롯하여 여러 관련 조직과의 정확한 의사소통이 특히 중요하다. 연습이나 상황변화를 통해 바뀐 정보를 즉시 공유한다. 그리고 이벤트의 개최과정에서도 구성원과의 끊김 없는 소통이 필요하다.

5. 이벤트의 시설과 장치

가. 행사장과 시설

행사장 그리고 시설과 장치의 선택은 이벤트연출의 기초적 요소이다. 왜냐하면, 행사장과 시설은 이벤트의 내용을 담는 그릇이기 때문이다. 행사장은 이벤트 개최내용에 적합하고 참가자들이 쉽게 접근할 수 있어야 한다. 행사장의 여러 시설 또한 프로그램 운영에 적합하여야 하고 참가자는 편리하고 안전하게 이용할 수 있어야 한다.

행사장은 진·출입과 동선에 관련한 시설, 주 프로그램과 보조 프로그램 관련 시설, 편의시설 등으로 나눌 수 있다. 그리고 행사장은 임시시설과 고정시설로 나눌 수도 있다. 고정시설은 이벤트의 개최를 위해 건립한 다목적 시설, 특정 유형의 이벤트를 위한 전문시설, 다른 용도의 기타시설로 구분할 수 있다.

행사장과 시설은 이벤트의 목적과 주제에 부합하고 프로그램 운영의 적합성을 기준으로 선택한다. 적절한 행사장이 없는 경우에는 새로운 시설을 건립하거나 임시시설을 설치한다. 올림픽, 월드컵, 세계박람회와 같은 메가이벤트는 직접적인 행사시설 외에 국제적 수준의 접근과 편의 등을 위해 항만과 도로, 철도와 공항 등 국가적인 기반시설까지도 건설한다. 지자체에서는 연례적인 축제를 위해 고정시설을 건립하기도 한다. 그리고 이벤트를 위해 건립한 고정시설이라고 하더라도 특정 이벤트의 개최를 위해서 시설을 개조하거나 필요한 임시시설을 설치하여 프로그램을 운영하는 예가 많다. 시설은 연출에 필요한 기능과 크기 그리고 모양을 고려한다. 그리고 기존 시설도 가변적인 시설과 고정적인 시설에 따라 연출내용이 달라질 수 있다.

시설의 설치나 선정은 동선의 운영과도 관련있다. 동선은 크게 참가자 동선과 서비스(운영) 제공 동선으로 구분한다. 출연진 동선도 구분하여 설정하는데 출연진 동선도 가능한 한 서비스 동선과 구분하는 것이 안전하다. 만약 물리적으로 동선을 구분하기 어려울 때는 사용 시간을 구분하여 활용할 수 있다.

나. 장치

이벤트연출을 위해 활용하는 기본적인 장치에는 음향, 조명, 영상, 효과 등이 있다.

음향장치는 이벤트의 개최내용을 바탕으로 행사장의 크기와 모양 등에 따라 선택한다. 참가자의 참여 형태(규모, 관람 방법 등)와 출연자의 요구에 따라서도 달라진다. 소리의 3요소는 음압, 음정, 음색 등이다. 이벤트연출에서 주요하게 고려하는 내용은 소음의 제어와 활용 그리고 필요한 소리를 받아들이는 수음과 목적하는 소리를 들려주는 청음이다. 소리의 기본적 특성인 회절, 굴절, 반사, 흡음, 공명, 도플러효과, 간섭 등에 대한 이해가 필요하다. 예를 들어 대규모 행사장에서는 거리와 시차에 따라 소리 전달이 지연되는 효과를 극복하기 위한 노력이 필요하고 음향전문가의 도움을 받을 수 있다.

조명장치도 이벤트의 개최내용을 바탕으로 행사장의 크기와 모양 등에 따라 선택한다. 참가자의 참여 형태(규모, 관람 방법 등)와 출연자의 요구에 따라서도 달라진다. 조명은 조도(강도), 색, 분포(배치), 움직임(변화) 등을 활용하여 연출하고 기본조명과 효과조명으로 나누어 적용한다. 영상장치는 물론 요즘 연출에서 자주 활용하는 프로젝션 맵핑이나 미디어파사드 등도 조명의 관점에서 접근할 필요가 있다. 조명연출을 위해서는 감법이나 가법혼색, 보색과 대비 등의 조색 특성은 물론 조명기기별 특성의 파악도 필요하다. 그리고 효과적 조명연출을 위해서는 조명 디자이너와의 협의가 필수적이다. 그리고 전력 사용에 따른 안전사고에 주의한다.

영상장치는 특정 내용을 전달하기 위한 설명 영상, 그리고 배경으로 활용하고 이미지를 강화하는 효과 영상, 현장 상황을 촬영하여 전달하는 중계 영상 등으로 구분할 수 있다. 영상은 단독으로 상영할 수 있지만, 출연자나 공연내용과 결합하여 활용하는 경우가 많다. 그리고 컴퓨터, 인터넷, 모바일 등을 활용하여 외부의 참가자와 연결하여 연출하기도 한다. 최근에는 움직임이나 소리 등에 상호작용하는 인터랙티브 영상도 많이 활용하고 있다. 영상 연출을 위해서는 영상 장비나 장치의 기능과 성능에 대한 기초적인 이해가 필요하고 영상 문법이나 촬영 방법에 대한 기초적인 이해도 필요하다.

분위기 창출, 강조, 기술적 이유 등을 달성하기 위한 목적으로 효과 장치를 활용한다. 조명효과를 높이는 간단한 안개(fog) 장치부터 다양한 특수효과와 연화(불꽃놀이) 그리고 리프트 같은 무대장치나 특별히 고안한 기계장치를 예로 들 수 있다. 전시연출에도 효과 장치를 사용한다. 미래기술을 표현하기 위해서 애니메이션(만화)이나 설명 영상을 보여주는 것으로 갈음하는 때가 많다. 이때 관련 기술에 대한 이해가 충분하다면 현재의 기술만으로도 가상의 장치를 도입하여 미래의 기술을 실제로 체험하는 것처럼 구현함으로써 전시의 효과를 높일 수 있다. 적절한 효과 장치를 이용하여 놀라움을 제공하면 참가자를 일상에서 떠난 비일상적인 이벤트 체험의 세계로 쉽게 초대할 수 있다.

6. 진행대본과 큐시트

이벤트 개최 현장에서 정확한 연출을 위해 진행자 간의 기본적인 소통 도구로 큐시트(Cue Sheet)와 진행대본(시나리오)을 활용한다. 큐시트는 각 장면의 시작점과 장면을 구성하는 변화의 내용을 한눈에 파악할 수 있도록 한다. 진행대본은 출연자의 대사 등을 포함한 연출내용을 더욱 자세히 설명한다.

그리고 확인 목록(Check List)을 작성하여 진행과 연출을 돕는 보조 도구로 활용한다. 확인 목록은 시설, 장치, 소품 등 필요한 품목과 수량을 빠짐없이 기록하고 관리자, 공급자, 연락처, 공급 시기, 사후처리 방법 등 준비와 진행, 마무리까지 필요한 모든 내용을 표로 기록하고 확인할 수 있도록 한다.

진행대본은 시간 진행순서에 따라 장면별로 작성한다. 시간은 장면의 시작 및 종료 시각 그리고 소요 시간을 초 단위로 기록한다. 항목별로 살펴보면 장면번호, 시간, 장면 제목, 출연자, 위치, 효과, 대본(대사와 지문, 연출방법) 등을 기록한다. 여기서 출연자와 동작, 위치, 효과 등은 별도로 기록하지 않고 대본 내용에 포함하여 표현할 수 있다.

큐시트도 진행대본과 마찬가지로 시간의 진행순서에 따라 장면별로 작성하되 큐를 중심으로 한눈에 들어오도록 간략하게 정리하고 대본은 제외하거나 큐로 사용할 문장만 기록한다. 연출가가 최초의 시작(큐) 사인을 명령하고 나면 특별한 상황이 발생하지 않는 한 나머지 장면은 각각의 큐에 따라 자연스럽게 진행할 수 있다.

큐는 음악, 조명, 출연자의 동작이나 대사 그 무엇도 될 수 있다. 예를 들어 사회자가 출연자를 호명하면(큐) 출연자가 자리에서 일어나 무대로 향하고 동시에 등장 음악을 작게 튼다. 호명에서부터 시작한 사회자의 소개말이 끝나면(큐) 등장 음악이 커진다. 이동하던 출연자가 무대의 정해진 위치에 자리하면(큐) 등장 음악이 사라진다.

물론 큐시트의 약속보다 연출가의 현장 명령이 우선한다. 개최 현장의 상황을 개선하기 위하여 연출가는 즉석에서 출연자의 등장 시기, 음악의 시작점, 종료점, 음량 등을 임의로 조정할 수 있다. 당연하지만 사전의 약속과 다른 변화가 생기면 혼란을 일으킬 수 있음을 명심하여 연출한다.

〈표 1-1〉 진행대본 예시

No.	시각 (시간)2)	장면	출연자	등장 위치	효과	멘트	비고
0	09:59 (1')	안내방송	사회자	off	-	사회자: (off ment) 행사를 곧 시작하겠습니다. 장내에 계신 모든 분께서는 자리를 찾아 앉아 주시기 바랍니다. (3회 반복)	
1	10:00 (15")	개식영상	-	-	조명 off VCR	(전체 암전 후 VCR cut in)	
2							

---

2) 이벤트에서는 시작 시각을 표시하고 장면의 진행 시간을 분(')과 초(")로 표시한다.

〈표 1-2〉 큐시트 예시

No.	시각 (시간)	장면	출연자	위치	음향	조명	효과	영상	멘트	비고
0	09:59 (1')	안내방송	사회자	off	mic1	house	-	타이틀	......자리를 찾아 앉아 주시기 바랍니다. (3회)	
1	10:00 (15")	개식영상	-	-	line1	out	-	cut VCR	(......새로운 미래를 창조한다.)	
2	10:00 (3')	사회자 소개	사회자	연단	mic1	연단	-	F.I 타이틀 F.O	......참석하신 모든 분에게 감사드립니다.	
3	10:03 (5')	경과보고	총무 과장	연단	mic2	연단	-	cut VCR	......0000년 000상 수상	

7. 이벤트연출 조직

이벤트의 연출(실행) 조직은 준비조직을 그대로 활용하기도 하지만 대부분 개최장소와 프로그램을 중심으로 개편하여 운용한다. 그리고 준비조직을 단일 조직으로 운영하더라도 실행조직은 대부분 외부조직과 연계한 네트워크 조직으로 운영한다.

이벤트는 특히 개최가 임박하여 조직을 크게 확대하기 때문에 개최 현장에서 처음 만난 스태프와 호흡을 맞추어야 하는 어려움을 수시로 겪는다. 그래서 연출가는 함께 진행해 본 조직과의 협력을 선호하고 사전 리허설, 회의를 통한 조율, 그리고 현장 의사소통의 중요성을 강조한다. 전체 조직을 다 파악하지 못하더라도 최소한 각 부분의 책임자(감독)와 소통하고 그들을 중심으로 조직을 꾸려 행사를 진행한다.

가. 연출의 주요 주체

1) 개최자

이벤트의 개최자는 주최, 주관을 의미한다. 개최자는 특정 목적을 달성하고자 이벤트를 개최하고 그 실행을 연출가에게 의뢰한다. 이벤트 개최내용의 전문성이 높아질수록 연출가에 대한 의존도가 높고 신뢰가 필요하다. 따라서 달성 목적을 충분히 공유하고 추진과정에서의 지속적인 의사소통 그리고 결과에 관한 목적 대비 확인이 필요하다. 공공행사에서는 일반적으로 추진위원회, 보고회 등을 통해 공식적으로 의사소통을 하고 전담부서나 담당자가 관리한다.

2) 연출가

개최자가 연출가를 선정하면 연출이나 감독으로 직위를 부여한다. 연출가는 조연출을 비롯한 연출 조직의 도움을 받아 이벤트 개최를 총괄하거나 프로그램을 운영한다. 연출 조직은 전문분야별 감독과 운영업무를 지원하는 스태프(운영 담당 직원과 운영요원)로 구성한다. 연출가는 개최목적을 효과적으로 달성할 방안을 제시하고 연출 조직을 지휘한다. 연출가는 개최자와의 충분한 의사소통으로 개최목적 달성에 대한 신뢰를 얻고 지원을 확보한다. 그리고 연출 조직이 전문성을 충분히 발휘할 수 있도록 개방적 태도로 운영하고 의사소통한다.

3) 전문분야 감독과 스태프

각 전문분야의 기술적 감독은 개최목적을 달성하기 위해 가장 적합한 전문기술을 제공하기 위해 노력한다. 연출의 효과를 높일 수 있는 창의적 아이디어나 연출 방안도 요구에 따라 제안한다. 그리고 연출을 도울 수 있는 최신의 정보와 기술을 제공하기 위해 노력한다.

스태프는 연출 스태프와 전문분야별 스태프로 나눈다. 연출 스태프는 연출의 지휘에 따라 각 전문분야를 지원하고 연락업무를 수행한다. 그리고 전문분야의 스태프는 각 감독의 지시에 따라 연출 목적을 달성하고 실현할 수 있도록 기술을 제공하고 운영을 돕는다.

나. 연출 조직의 종류

1) 단순구조

단순구조는 연출가 아래 조사, 기록, 전달 등을 보조하는 1, 2명의 조연출을 두고 각 업무의 감독(슈퍼바이저)과 소통하는 방식으로 운영한다. 단순구조는 지휘와 보고 그리고 의사결정 과정이 빨라 상황대처가 쉽고 새로운 조직 형태로의 변형도 쉽다. 소규모의 단일한 프로그램을 운영하기에는 좋지만, 중대형 이벤트 전체에 적용하기에는 업무부담이 커지고 각 분야의 전문적 역량을 충분히 발휘하기 어려운 단점이 있다.

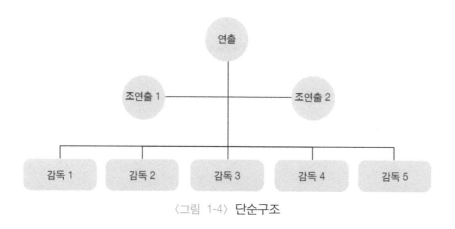

〈그림 1-4〉 단순구조

2) 기능중심 구조

기능중심 구조는 각 전문영역을 구분하여 감독을 지정하고 감독

회의 또는 연출회의를 통해 전체 프로그램을 운영하는 방식이다. 전체 프로그램을 포괄적으로 이해하고 조율할 수 있다는 장점이 있지만, 예산이나 책임소재 등 각 전문영역 간의 이해가 상충하면 의사결정이 늦어지고 즉각적인 상황대처가 어려울 수 있다. 따라서 이해의 증진을 위한 정보의 공개, 상호협력 의지, 연출가의 통솔력 발휘 등이 필요하다.

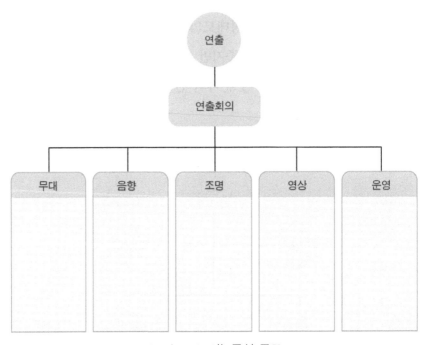

〈그림 1-5〉 기능중심 구조

3) 부문별 구조

부문별 구조는 행사장소나 프로그램을 기준으로 조직을 구성한다. 총연출 아래 운영본부를 두고 각 장소나 각 프로그램은 독립적 연출(또는 감독)이 운영한다. 축제이벤트나 대규모의 복합적 이벤트에서 효과적으로 활용할 수 있는 조직이다. 성공적인 이벤트의 개최를 위해서는 서로 다른 연출 프로그램 사이의 충돌을 방지하고 효율적 자원의 분배를 위한 노력이 중요하다. 기능중심 구조 몇 개를 결합한 것이라고 볼 수 있다.

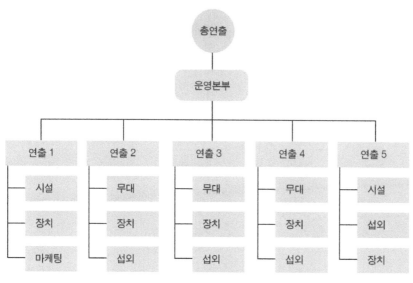

〈그림 1-6〉 부문별 구조

4) 전략적 구조

여러 유형의 이벤트나 다수의 이벤트를 각 사업단위로 묶어서 전략적으로 진행하는 정부이벤트나 메가이벤트에서 운용하는 방식이다. 총감독(총연출) 아래 독립적인 사업을 진행하는 부문별 감독(연출)

을 두어 전체 이벤트사업을 총괄한다. 각 부문의 이벤트사업은 부문별 구조나 기능중심 구조로 구성된다. 규모가 커질수록 감독이라는 명칭을 선호하는 이유는 규모를 확대할수록 직접적 지시나 제작의 기능보다는 통제적 기능을 강조하기 때문으로 여겨진다.

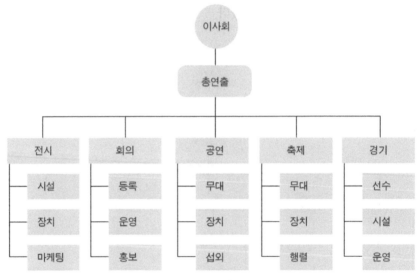

〈그림 1-7〉 전략적 구조

5) 네트워크 구조

이벤트 실행조직의 기본적 형태가 무엇이든 실행을 위해서는 대부분 네트워크 조직을 기반으로 운영한다. 이는 한 연출 조직이 이벤트의 실행을 위한 모든 전문성을 지속해서 확보하는 것은 불가능하기 때문이다. 다시 말하면 이벤트는 타 조직의 여러 전문성을 조합하여 구성함으로써 다양한 연출이 가능해진다고 할 수 있다.

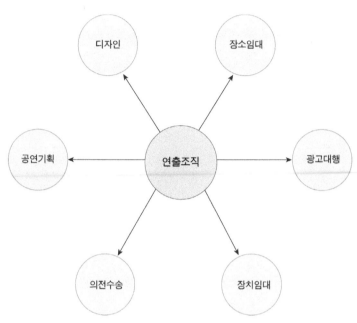

〈그림 1-8〉 네트워크 구조

EVENT

II

연출의 기술

1. 장면구성 Composition

장면구성은 앞에서 설명한 바와 같이 한 장면의 주제와 내용을 드러내기 위하여 여러 가지 요소를 적절히 배치하는 것으로 미장센 (mise en scene)이라고 바꾸어 말할 수 있다. 불필요한 요소를 최대한 억제하거나 제거하고 표현하고자 하는 내용에 이바지하는 요소만으로 장면을 구성할 수 있도록 노력한다.

장면구성의 방법으로 강조, 균형, 조화를 활용한다. 핵심적인 내용과 주제를 드러내는 방법으로 강조를 활용하고 요소 간의 균형과 불균형을 활용하며 조화와 부조화를 표현함으로써 장면의 의미를 부여하고 메시지를 전달한다.

가. 강조

강조는 주제를 드러내기 위해 사용하는 것이고 강조를 통해 각 장면에서 해당 요소의 구체적인 모양과 내용을 명확하게 전달하려는 노력이라고 할 수 있다. 이벤트의 줄거리는 각 장면에서 강조하는 요소들의 연결을 통해 전개한다. 따라서 강조 요소를 선택하고 그것을 적절하게 강조하는 것은 이벤트 내용의 전체적 전개는 물론 주제의 전달과 직접적인 관련이 있다. 그러므로 강조의 방법을 이해하고 활용하는 것은 이벤트 개최에서 중요한 부분이다.

각 장면을 구성할 때 특정한 대상이나 의미를 부각하기 위하여 강조를 적용하는 방법으로 형태, 위치, 방향, 대조, 간격, 반복, 초점

등을 활용한다. 예를 들어 눈에 보이는 위치만으로도 대상을 강조할 수 있다. 무대를 바라보는 주도적인 시선을 중심으로 사각 틀의 화면이라고 가정하면 중앙 위치는 주변보다 강한 인상을 준다. 그리고 아래쪽보다 위쪽이 강하며 먼 데보다 가까운 위치가 강하게 느껴진다. 종합하면 앞쪽 가운데 있는 인물이나 사물이 가장 중요하게 강조된다. 그리고 등장인물이 정면을 향하면 옆으로 서 있는 것보다 시각적으로 강한 느낌을 준다. 이는 앞면이 옆면보다 많은 정보를 제공하기 때문이다. 한편, 옆으로 선 프로필은 약하지만 섬세한 인상을 전달한다.

　때로는 주변의 요소와 차별적인 형태를 제시함으로써 강조를 실현한다. 여러 사물을 일정한 간격으로 배치하고 차이나는 다른 간격의 위치에 대상을 두거나 변화(점증 또는 감소)를 주어 강조할 수 있다. 또는 강조하려는 대상을 여러 번 반복하여 등장시킴으로써 강조하거나 구도를 활용하여 강조대상에 초점을 모아서 강조할 수도 있다. 그리고 강조의 방법들은 독립적으로 활용하기보다 복합적으로 활용한다.

　하나의 장면에서 여러 가지를 강조하면 혼란이 발생하므로 되도록 하나의 대상과 의미를 강조한다. 두 가지 이상의 인물이나 요소가 등장하여도 이것은 대립의 의미를 전하거나 하나의 덩어리로써 의미를 전달하는 것이다. 물론 한 장면에서 강조의 대상을 순차적으로 옮기면서 의미 자체를 강조하는 방법을 적용할 수도 있다. 이렇게 강조의 대상을 옮기면서 의미를 강조할 때는 리듬 등을 활용하여 최종적으로 하나의 의미로 묶일 수 있도록 표현한다.

예를 들어 여러 명의 가수가 동시에 등장하여 한 명씩 중앙으로 나와 노래를 한 소절씩 부르고 빠지다가 맨 마지막에는 전체 가수가 함께 노래하며 마무리하는 것으로 강조를 활용하여 전체적 의미를 전달할 수 있다. 반대로 함께 노래를 부르다가 한 명이 앞으로 나서고 다른 가수들이 후렴이나 코러스를 담당하고 주인공을 내세워 소개하는 결과를 연출함으로써 강조를 활용할 수도 있다.

1) 형태

강조의 기초는 형태를 만드는 것에서 시작한다. 모호한 형태는 관심을 끌기 어렵다. 궁금증을 유발하기 위해 모호한 형태로 처음을 시작하더라도 나중에는 명확한 모습으로 끝이 나야 강조를 완성할 수 있다. 그리고 제시하는 대상의 형태를 다른 형태나 배경과 구분할 수 있도록 제시함으로써 강조를 시작할 수 있다. 다시 말하면 형태를 이용한 강조는 주변과 다른 형태나 낯선 형태를 제시하는 방법이다.

형태나 구체적인 체험의 방식은 참가자의 사회문화적 특성에 따라 수용성이 다르고 강조의 수준도 다르다. 제시한 형태가 너무 친숙하면 흥미를 잃고 너무 낯설면 배척한다. 연출가는 그 중간 어디에서 참가자의 주목을 획득하고 그 체험에 참여하도록 이끄는 재주가 필요하다. 예를 들어 참가자에게 익숙한 리듬과 동작으로 인간의 춤을 추는 동물이나 외계인의 형상이라면 참가자에게 친근한 흥미를 통해 높은 주목도의 강조를 획득할 수 있다.

그리고 형태나 체험은 다른 강조의 방법들과 결합하여 활용으로써 강조 수준의 변화 등 다양한 강조의 연출을 창출할 수 있다. 서 있는 사람들 사이에 강조하고 싶은 사람을 앉게 함으로써 자세를 바꾸는 형태의 변화를 활용하여 약한 자세이지만 대조의 강조 효과를 얻을 수 있다. 또한, 다른 형태로 움직임을 만들어 방향을 활용한 강조를 할 수도 있다. 예를 들어 전시공간에서 관람객 동선의 흐름에 변화를 줌으로써 그 위치에 설치한 전시를 환기하는 방향으로 강조할 수도 있다.

2) 위치

일반적인 무대를 예로 들어 위치만 고려했을 때의 강한 인상을 나누어 보면 무대 앞쪽(downstage)이 뒤쪽(upstage)보다 강하고 중앙이 주변보다 강하며 객석의 관점에서 왼쪽(하수, stage right)이 오른쪽(상수, stage left)보다 강하다. 따라서 〈그림 2-1〉에서 1번이 가장 강한 위치이고 순서대로 9번이 가장 약한 위치라고 할 수 있다. 그리고 낮은 높이보다 높은 높이가 더 강하다고 할 수 있다.

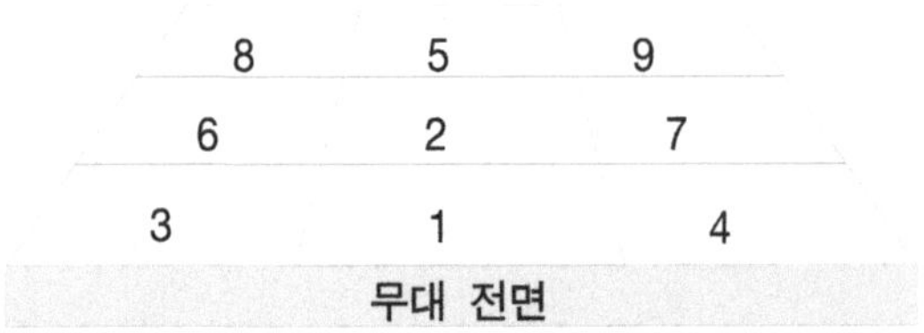

8	5	9
6	2	7
3	1	4
무대 전면		

〈그림 2-1〉 무대의 위치

이러한 위치는 단독적으로 적용할 수 있고 서로 다른 위치를 비교하여 적용할 수도 있다. 강하다는 의미는 관람자가 먼저 주목하는 위치라고 바꾸어 말할 수 있다. 그렇지만 약한 위치라고 하더라 도 다른 강조의 방법을 사용하거나 특이한 형태나 출현을 활용하여 강한 주목도를 차지할 수 있다.

예를 들어 가장 약한 9번 위치에 A가 서 있고 몇 사람이 3번 위치 에서 A를 바라본다면 관객도 그 시선을 따라 A를 주목한다. 이는 방향과 대비를 활용한 강조이다. 이것은 위치의 약함이 오히려 3번 위치의 친숙함에 대비하여 생소함과 궁금증을 일으킴으로써 주목 도를 강화한다.

그리고 출연자가 가장 자연스럽게 등장할 수 있는 입구는 8번 좌 측이고 낯선 출현 위치는 9번 우측이다. 3번 좌측이나 앞, 4번 우측 이나 앞의 위치로 등장하면 관객이 무대의 사건에 직접 개입하는 것과 같은 효과를 얻을 수 있다. 만약 5번의 뒤쪽 배경 막, 무대의 바닥 또는 공중에서 출현이 이루어진다면 이는 예상할 수 없는 뜻 밖의 출현으로 인식한다. 이벤트 무대에서는 주인공 출현의 강조 효과를 높이기 위해 배경을 열고 출현하거나 엉뚱한 위치나 독특한 기술을 활용하여 출현하는 방법을 자주 사용한다.

한편, 앞줄의 위치가 강하지만 그 뒷줄이라도 높이를 더 높이면 뒤가 더 강한 주목을 받는다. 계단을 만들거나 단을 높이는 방법을 활용할 수 있다. 예를 들면 연극에서 왕의 자리는 대부분 뒤쪽이지 만 계단의 점증적 효과와 높이 그리고 시선과 삼각형 구도 등을 활 용하여 강조를 획득한다. 그리고 무대의 배경에 배치한 영상을 활 용하면 그러한 높이의 강조 효과를 쉽게 얻을 수 있고 확대와 반복 이라는 점증적인 강조의 효과도 함께 얻을 수 있다.

3) 방향

출연자나 오브제의 자세나 방향에 따라서 강조가 다르다. 관찰자를 향하여 앞으로 서 있을 때가 가장 강한 인상을 주고 그 열림이 적을수록 인상이 약하다. 완전히 돌아서 있는 것은 옆으로 서 있는 정도의 강도를 보인다. 따라서 〈그림 2-2〉의 4강세처럼 약 3/4 정도 돌아서 뒤를 향했을 때가 가장 약한 자세라고 할 수 있다. 예를 들어 정보를 제공하는 전시장 안내데스크의 근무자는 방문객과 마주할 수 있도록 앞을 향함으로써 주목도를 높이고 정보제공의 개방성을 높일 수 있다. 보태어 말하면 시선과 높이를 맞추고 미소를 첨가함으로써 주목도를 높이고 편안함을 준다.

〈그림 2-2〉 출연자의 자세와 강조

출연자나 대상물의 핵심적 정보가 잘 보이는 방향이 강하고 시선을 사로잡는다. 그러한 경우에도 방향과 구도를 결합하여 특정 대상에 초점을 맞추면 정보를 감춘 자세에도 오히려 궁금증을 불러일

으키는 강함이 나타날 수 있다. 예를 들어 〈그림 2-3〉과 같이 무대
에 5명의 출연자가 있고 'A'부터 'D'까지의 출연자 시선이 출연자 '가'
를 향하고 있다면 참가자의 시선의 흐름은 열려있는 시선인 각각의
①에서 해당 출연자 시선의 방향인 각각의 ②로 이동하여 시선을
모으고 있는 '가'를 최종적으로 주목한다. 따라서 얼굴이 보이지 않
는 '가'의 약한 자세는 오히려 궁금증을 불러일으키는 강한 자세가
되고 돌아서 얼굴을 보일 때 궁금증을 해소하는 극적인 효과를 창
출할 수 있다.

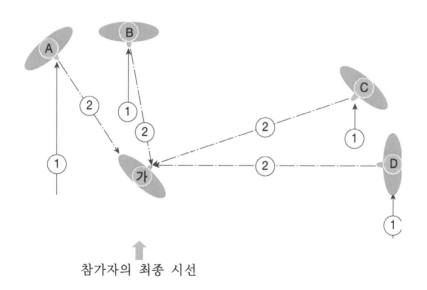

참가자의 최종 시선

〈그림 2-3〉 참가자 시선의 흐름

그리고 방향은 동작과도 관련지어 생각할 수 있다. 정적인 물체
보다 동적인 물체에 대한 주목도가 더 강하다. 그래서 무대 위의
움직임을 고려할 때 약한 위치에서 강한 위치로 등장하고 강한 위치

에서 약한 위치로 퇴장하여 사라짐이 자연스럽다. 반대로 부자연스러움을 이용하여 뜻밖의 나타남이라는 강조로 활용할 수도 있다.

4) 대조

대조나 대비의 방법에서는 형태의 대조, 방향의 대조, 위치의 대조, 수량의 대조를 활용하여 강조한다. 색과 소리, 동작으로도 대조의 방법을 활용할 수 있다. 예를 들어 〈그림 2-1〉 무대에서 가장 강한 1번 위치에 A를 홀로 세우면 그 자체로 강조를 할 수 있지만, A와 간격을 두고 뒤에 여러 사람을 하나의 배경으로 배치하면 A의 강조는 더욱 강해진다. 가수와 무용수의 관계가 그러한 예이고 배경 무용수의 일치된 안무와 가수의 다른 동작은 대조를 더욱 두드러지게 한다. 배경 무용수의 동작이 가수의 가사나 동작의 결과로 나타나거나 무용수들의 동작이 가수를 지지하면 가수는 강한 강조효과를 얻는다.

대조는 한 장면 안에서뿐만 아니라 장면과 장면도 서로 대조하여 활용할 수 있다. 그리고 다른 모양의 제시를 통한 대조뿐만 아니라 같은 형태를 크기만 다르게 하거나 다른 색으로 제시하는 것도 형태의 대조를 이용한 강조의 방법이다.

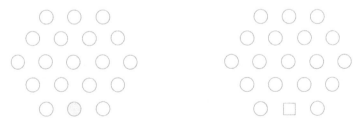

〈그림 2-4〉 형태의 대조를 이용한 강조

5) 간격

어떤 대상의 주위에 적당한 공간을 마련하거나 주변 형태들과 간격을 만들어 분리함으로써 강조를 할 수 있다. 같은 방법으로 한 덩어리였던 형태를 몇 무리로 분리함으로써 특정 무리나 한 형태를 강조대상으로 부각할 수도 있다. 대조의 한 방법이라고도 할 수 있지만 유사한 대상들을 간격만으로 강조할 수 있다는 뜻이다.

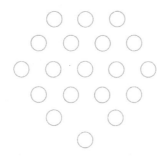

〈그림 2-5〉 간격을 이용한 강조

간격은 거리상의 간격, 시간의 간격을 활용하여 대상을 강조할 수 있다. 비교적 가까운 간격의 사물이나 내용은 한 덩어리로 인식하고 그것에서 떨어진 사물이나 내용은 독립적으로 인식한다. 예를 들어 조연들이 같은 간격(휴지)으로 등장한 뒤 그 간격보다 좀 더 긴 시간 간격을 두고 주인공이 등장하면 주인공을 강조할 수 있다. 그리고 간격이나 휴지에 등장을 예고하는 소리를 삽입하여 강조를 더 강화할 수 있다. 한 집단을 다른 집단과 구별하거나 사건을 구분하기 위해서도 간격을 사용한다. 사건을 구분하는 시간 간격은 장면의 구분으로 활용할 수 있다. 암전은 실제 시간 간격과 상관없이 앞

장면과의 분리로 작용하고 음악이나 음향을 이용해서도 비슷한 효과를 얻을 수 있다. 일정한 간격으로 강조하려는 대상을 반복하여 제시하거나 등장시킴으로써 강조할 수도 있다. 설명을 추가하면 하나의 색상에서 가장 먼 거리에 있는 색상은 보색이다.

6) 반복

간격에서 언급한 것처럼 같은 인물, 형태, 동작, 소리의 반복적 제시는 대상에 대한 주목을 점점 강화하고 강조한다. 그렇지만 반복이 적정 수준을 넘으면 익숙해지고 그 특별함은 사라진다. 반복이 지속되면 무관심을 넘어 지루하고 싫증이 난다. 반복하는 간격의 변화에 따라서 강조의 느낌을 다르게 전달할 수 있다. 간격이 점점 가까워지거나 속도가 빨라지면 점점 강하게 인식하고 점점 멀어지거나 늦어지면 강조의 느낌은 서서히 사라진다. 반복 사이에 등장하는 다른 형태의 대조와 대상의 점증적 변화는 강조를 더욱 크게 만든다. 그리고 일정한 간격에 따른 변화는 리듬을 형성하고 리듬에 맞추어 강조 요소를 제시함으로써 관객의 기대에 부응하는 연출 효과를 얻을 수 있다.

〈그림 2-6〉 반복의 기대

〈그림 2-6〉의 예시에서 관찰자는 가장 오른쪽의 백색 원 다음에 청색 원이 나타나리라 기대하고 삼박자의 리듬이 반복될 것으로 기대한다. 점증적으로 강조점을 제시하고 최종으로 강렬하게 제시하

면서 절정에 도달할 수 있다. 전통적으로 익숙한 구성은 3막 5장이다. 배경을 설정하고 사건이 시작되는 1막, 사건의 전개와 장애가 교차하는 2막, 사건의 정점과 해소로 이어지는 3막을 기본으로 이야기를 전개한다. 5장은 발단, 전개, 위기, 절정, 결말의 순서를 따른다.

이벤트에서는 주제의 제시, 전개와 심화, 정리의 순으로 간단하게 3막의 과정에 빗대어 설명할 수 있다. 여기서 주제의 반복적 제시가 암시에서 구체적 내용이나 체험으로 그리고 적용과 정리로 진행되면서 강조되고 그 제시의 속도나 효과의 크기에 변화를 줌으로써 강조를 달성할 수 있다. 예를 들어 전시나 교육의 체험(실습) 주제를 제시하고, 실제 체험하고 그 결과에 따라 보상을 제공(정리)할 수 있다. 여기서 보상은 기념사진이나 자격증(참여 확인) 수여 또는 기념품이나 실제 시상으로도 제공할 수 있다. 다만 시상은 누구나 받을 수도 있는 행운이거나 노력에 대한 객관적 보상이 아니면 불만이 될 수 있음에 주의한다.

7) 초점

초점에 의한 강조는 선명한 것에 주목도가 높음을 이용한 것이다. 주변의 다른 것들을 흐리게 배경으로 처리하고 강조하고자 하는 대상을 선명하게 드러내어 강조한다. 가장 많이 쓰는 방법은 조명을 사용하여 또렷하게 보이도록 하고 다른 부분은 빛을 배제하거나 어둡게 함으로써 강조하는 것이다. 비슷하거나 익숙한 배경과 다른 색이나 형태를 대비하는 것도 초점의 효과로 이어진다. 불명료한 소리와 청명한 소리의 대비도 귀를 기울이는 초점의 효과라고 생각할 수 있다. 어떤 대상을 분명한 감각으로 선명히 인식할 수 있도록 만듦으로써 초점을 이용한 강조를 할 수 있다.

그리고 초점은 구도상에서 시선이 모여 집중되는 곳이라는 의미로도 사용하는데 이것 역시 그 부분의 주목도를 높여 선명하게 하는 것이라고 할 수 있다. 중요 등장인물이나 핵심적인 전시물이나 체험 등에 강조의 초점이 모이도록 연출한다.

나. 균형

기본적으로 균형은 수직의 기준점을 중심으로 여러 요소가 서로 반대 위치에서 시각적 평형을 이루는 것이다. 이러한 안정적 평형은 대상의 성질이나 크기, 안정 상태, 대칭 등의 성립으로 이루어진다. 균형은 심리적 안정감을 조성하는 기준으로 작용한다. 균형이 깨지면 불안감이 조성되고 집중을 저해함으로써 체험을 진행하기 어려워진다. 극적인 상황을 연출하려는 의도로 불균형을 노출하더라도 그 간격을 짧게 하고 즉시 균형을 맞추어 안정감을 회복하도록 연출한다. 그렇지만 변화 없이 지속해서 한 가지 균형만을 유지하면 그 안정감은 익숙해지고 지루해져서 강조점은 사라지고 체험에 대한 흥미를 상실한다.

〈그림 2-7〉에서 A와 B는 같은 무게를 이용한 균형이고 C는 서로 다른 무게를 축을 중심으로 거리 비율을 이용해 균형을 잡았다. D는 짙은 색 질감의 무거움과 옅은 색의 가벼움을 극복하기 위해 크기의 비율을 이용해 균형을 획득했다.

〈그림 2-7〉 균형의 예

1) 성질

유사한 성질을 제시하여 균형과 안정을 획득할 수 있다. 대표적인 예로 색조나 분위기의 통일이나 유사성을 활용하여 균형을 유지할 수 있다. 앞에서 언급했듯이 배경에서는 성질의 균형을 유지하고 등장인물의 색조를 다르게 대비함으로써 등장인물을 손쉽게 강조할 수 있다. 만약 무대배경이 혼란스럽다면 등장인물은 잘 보이지 않는다. 무대배경은 복잡한 것보다 단순한 것이 등장 요소들을 돋보이게 하고 강조하기 쉽다.

그리고 상반된 성질을 활용해도 균형과 안정을 취할 수 있다. 예를 들어 세련되고 노련한 사회자의 진행은 미숙한 일반 출연자들의 어색한 행동을 잡아주는 무게감으로 작용하여 불안감을 해소함으로써 해당 장면에 균형감을 제공한다. 그래서 시끄럽고 요란한 사회자는 공연의 분위기를 상승시키기보다 산만하고 불안하게 만들기 쉽다. 찬반 토론도 균형감의 한 방법이라고 할 수 있다. 만약 출연하는 인물이나 내용이 재기발랄한 상승의 분위기를 지니고 있다면 무대의 배경은 수평적 구도를 추구함으로써 전체 장면에서 대비를 통한 안정적 균형이나 강조를 연출할 수 있다.

수평배경의 수직이동   수직배경의 수평이동

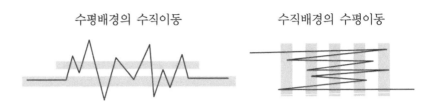

〈그림 2-8〉 균형적 배경의 활용

균형의 획득은 시각적 효과에 대한 의존도가 높아서 색채나 명도에서 오는 차이를 잘 활용해야 한다. 그리고 배경과 대상의 색이 조명의 색조에 의해서 변화하는 차이를 미리 확인한다. 대상의 그림자 색상도 조명(광원)색의 보색으로 나타난다는 것을 알고 있어야 한다. 당연한 이야기지만 어둡거나 탁한 색은 무겁고, 밝거나 맑은 색은 가볍다. 청색 계열은 차고 적색 계열은 뜨겁다. 그렇지만 같은 적색도 노란색조가 섞이면 따뜻하고 청색조가 섞이면 차갑다. 조명(빛)의 가산혼합과 도색(물체의 색상)의 감산혼합의 차이도 고려한다. 조명의 색상에 따라 감산혼합으로 변화하는 도색의 색상도 확인하고 활용한다.

2) 크기

일반적으로 오브제가 크면 무겁게 느껴지고 작으면 가볍게 느껴진다. 따라서 큰 것은 아래쪽에 작은 것은 위쪽에 있어야 안정적이다. 다만 무대의 앞에 가깝게 배치할수록 관객은 더 크게 인식함을 주의한다. 무대에서 일렬로 배치할 때 작은 사람은 중심에 가깝게 그리고 큰 사람은 중심에서 멀리 배치해야 비슷한 무게감을 유지할

수 있다. 무대 뒤편에 악단이나 합창단을 배치할 때도 앞줄이나 아래쪽의 인원수를 뒷줄이나 위쪽보다 더 많도록 점증적으로 배치함으로써 크기에 따른 균형을 연출할 수 있다. 그리고 〈그림 2-7〉의 D와 같이 색상이나 질감에 따라 크기의 무게가 다르다는 것도 함께 고려한다.

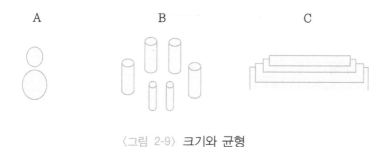

〈그림 2-9〉 크기와 균형

3) 안정

크기에 따른 배치와 비슷한 이유로 삼각 구도를 활용하여 중력에 순응하는 자연스러운 배치를 하고 유지함으로써 안정적 균형을 꾀할 수 있다. 그리고 안정은 균형을 이루는 시간을 충분히 확보함으로써 균형감을 지속한다. 전시장의 좁고 복잡한 긴 동선에서 느끼는 혼란 다음에 넓은 휴식공간을 배치함으로써 긴장을 해소하고 안정을 회복할 수 있다. 이러한 안정은 새로운 강조, 새로운 체험이나 변화를 받아들일 수 있도록 참가자를 준비시킨다.

혼란과 안정의 반복을 연결할 때 리듬을 적용하면 연출에 대한 기대와 목적하는 결과의 효과적인 실현으로 작용한다. 아래 〈그림 2-10〉은 불규칙한 혼란(파형)과 규칙적인 안정(직선)의 반복을 나타낸다. 예를 들어 3박자 형태로 안정(휴지)과 혼란(사건)을 배치하여 참가자들에게 마지막 혼란을 대비하도록 만들 수 있다. 첫 번째, 두 번째 혼란(파형)은 작게 체험하고 마지막 혼란(파형)은 1.5배 내외의 큰 체험으로 이끌어 효과를 높일 수 있다.

〈그림 2-10〉 혼란과 안정의 반복

4) 대칭

대칭을 통한 균형은 시각적 무게감을 기반으로 한다. 간단하게는 유사한 이미지, 크기, 성질 따위를 좌우에 배치해서 획득할 수 있다. 예를 들어 큰 건물 등의 오브제가 등장하면 대칭 위치에 유사한 크기의 오브제를 제시하거나 적당한 크기의 공간을 설정함으로써 시각적 균형을 맞출 수 있다.

〈그림 2-11〉 대칭

유사한 크기의 오브제가 왼쪽 무대에 3개가 모여있고 반대편에 비슷한 크기로 1개가 있다면 전체의 중앙(기준점이나 오브제)으로부터 왼쪽 무리까지의 거리보다 오른쪽 하나까지의 거리가 약 3배 정도

멀어야 균형을 잡을 수 있다. 시소의 원리를 생각하면 된다. 이러한 경우를 비대칭 균형이라고도 한다. 그리고 우리는 좌우대칭을 많이 언급하지만, 방사형 대칭도 생각할 수 있다. 다르게 말하면 선을 기준으로 한 선대칭인가, 점을 기준으로 한 점대칭인가로 바꾸어 말할 수 있고 거울처럼 면대칭도 활용할 수 있다.

다. 조화

조화는 균형과 유사하지만, 균형은 안정을 추구하고 조화는 어울림을 추구한다. 조화는 형태, 패턴, 구도 등을 통해 얻는다. 조화는 우리가 세상의 원리라고 믿는 방식으로 사물이나 내용을 통일감 있게 배치한다. 남녀, 음양, 보색의 조화 등을 예로 들 수 있다. 조화는 문화적 차이에 따라 달라질 수 있다.

전체적인 모습을 참가자에게 익숙한 패턴으로 만들면 구성요소 중에 일부 이질적인 요소를 포함하더라도 조화롭게 받아들일 수 있다. 조화는 장면을 구성하는 기본적인 태도이고 동양적 조화는 인위적인 조형의 조화보다 자연스러운 조화를 더 선호하는 경향이 있다.

앞에서 언급한 것처럼 안정적인 무대와 차별적인 등장인물을 대비하면 강조를 쉽게 획득할 수 있다. 그렇지만 무대가 독창적이고 복잡하며 거대하여 먼저 강조되더라도 이에 묻힌 공연자를 강조할 방법을 찾을 수 있다. 만약 공연자가 행위(performance)나 신호(Cue Sign)로 무대효과 전체를 일사불란하게 움직이고 지배하는 것을 보여줄 수 있다면 공연자의 크기와 영향력을 무대와 일치시키고 그 이상으로 확장하며 확대된 압도적 강조의 연출도 가능하다. 이러한 연출

은 공연자, 콘텐츠, 음향, 조명, 장치, 효과, 의상, 대소도구 등의 어울림의
수준을 끝까지 끌어올리고 종합적으로 통합할 수 있을 때 가능하다.

1) 형태

형태를 통한 조화는 유사한 모양, 성질, 색, 동작 등을 활용할 수
있다. 한 가지 방법으로 모양은 다르지만 유사한 여러 색을 활용하
거나 유사한 여러 동작을 활용하여 조화를 이끌 수 있다. 예를 들어
운영요원은 특정 모자나 스카프 등을 착용함으로써 통일감을 만들
수 있다. 이때 참가자와의 자연스러운 연결을 위해 나머지 부분의
복장을 자유롭게 선택하도록 함으로써 참가자와의 조화로운 어울
림을 창출할 수 있다. 더불어 손 흔들기처럼 통일된 몸짓을 활용하
거나 구호를 통일할 수 있다. 그리고 이러한 활용에서도 이벤트의
주제나 목적과의 어울림을 먼저 생각한다.

즉 유사성과 변화를 적절히 섞어서 형태의 조화를 꾀할 수 있다.
유사한 형태나 패턴의 반복적 등장이나 출현으로 동질성을 나타내
고 다른 장면과의 조화를 위한 연결요소로 이용하거나 사건 전개의
암시를 위한 복선의 요소로 활용할 수 있다.

2) 패턴

인간은 시각, 청각 등의 감각이나 생각과 사상 등을 쉽게 획득하
고 이해하기 위해 익숙한 패턴으로 짜 맞추는 경향이 있다. 따라서
사회문화적으로 익숙한 패턴을 활용하면 좀 빠르게 조화로운 느낌
을 전달할 수 있다. 패턴으로 만들기 위해서는 선택한 연출의 재료
들을 조정하여 한 덩어리로 결합하거나 짝을 맞추고, 멀리 있는 것

을 가깝게 근접시키고, 유사한 것을 반복하거나 연속하도록 연출한다. 그렇지만 같은 패턴의 지속적 반복은 단조로움과 지루함을 가져올 수 있어 변화를 활용하여 조화를 강화할 수 있다. 이는 4장의 게슈탈트 법칙에서 좀 더 자세히 이야기하기로 한다.

3) 구도

구도는 사물이나 등장인물의 배치 형태를 의미하기에 장면구성 자체를 의미하는 것으로 해석할 수도 있다. 구도는 장면을 조화롭게 만드는 방법이지만 구도를 사용하여 균형, 안정, 불안, 초점, 패턴 등 주된 분위기를 쉽게 연출할 수 있다. 구도는 대칭, 사선, 삼각형, 역삼각형, 방사선, 원형, 나선 등 다양하다.

예를 들어 전달하는 내용에서는 소리나 빛, 영상을 활용하여 불안함을 표현하면서도 배경의 배치는 조화로운 안정적 구도를 활용함으로써 참가자는 그 내용이 전달하는 가상의 위협에 대하여 안정적이고 객관적인 거리감을 유지할 수 있다. 구도는 서로 섞어 활용함으로써 입체감을 형성하거나 서로 다른 장면에 교차하여 사용함으로써 분위기의 변화를 이끌 수 있다.

가로 중심의 구도는 넓이를 강조하고 세로 중심의 구도는 깊이나 높이를 강조한다. 사물이나 등장인물을 배치하여 만드는 선이 기울어지면 역동감과 원근감이 생긴다. 배치의 선을 곡선이나 원형으로 바꾸면 부드러움이나 율동감을 높인다. 그리고 영상을 연출할 때 내려다보는 각도는 조망의 느낌을 주고 올려다보는 각도는 위엄을 강조할 때 활용한다. 구도가 만드는 대략적인 느낌의 예는 〈그림 2-12〉와 같다.

스마트폰이나 SLR카메라에서 구도를 도와주는 가상선이 가로와 세로로 3분할 되어 있는 것을 볼 수 있다. 우리도 무대나 이벤트의 연출장면을 참가자의 시선을 기준으로 3분할 하고 그 가상의 선을 활용하여 교차점에 주제를 배치하거나 다양한 구도를 연출할 수 있다. 3분할 방식은 피타고라스가 오각형의 대각선이 만드는 교차점을 기준으로 제시한 황금비를 기초로 한다. 이는 가로세로 비율이 약 1.618배일 때 가장 아름다운 조화를 이룬다는 개념이다.

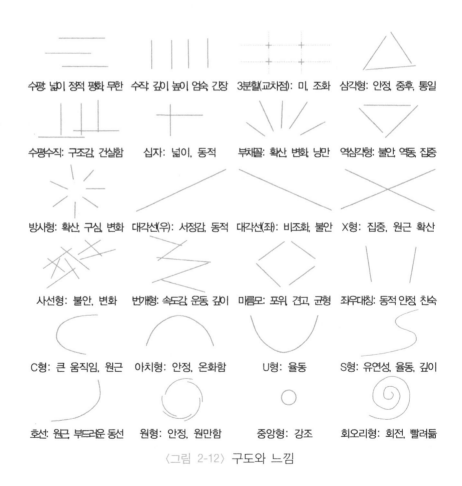

〈그림 2-12〉 구도와 느낌

2. 장면화 Scene

장면구성의 방법을 완벽하게 적용하여 하나의 멋진 장면을 연출하였다고 하더라도 그것에 구체적인 의미가 담겨있지 않다면 무용지물이다. 이벤트연출가가 장면구성의 방법을 적용하여 만들려는 것은 특정한 의미의 전달이다. 다시 말하면 이벤트연출가는 표현하고자 하는 바를 시청각적으로, 오감으로 구체화하여 참가자에게 전달한다. 물론 그 장면은 이벤트의 체험에서 말한 것처럼 감각적 체험 외에도 다양한 요소를 함께 활용하여 연출한다.

예를 들어 시상식 장면을 생각해보자. 서로 유사한 부분도 있겠지만 각각의 장면연출은 차이가 날 것이다. 누가 시상자인지, 누가 수상자인지, 사회자는 어떻게 진행할 것인지, 도우미가 필요한지, 각 출연자는 어떻게 등장할 것인지 등 다양한 조합이 존재한다. 장면구성에서 언급한 강조, 균형, 조화의 관점에서 보면 먼저 누구를 강조할 것인가를 고민해보면 언뜻 수상자를 떠올릴 수 있다. 그래서 모든 장면을 수상자를 중심으로 장면을 연출할 수 있다. 그렇지만 정치적 행사의 경우 시상자가 더 중요할 수도 있다. 또는 장면을 나누어 처음에는 사회자, 시상자, 수상자의 순으로 강조점을 옮길 수도 있다. 아카데미 시상식은 부문별 사회자에서 수상자로 강조점이 옮겨간다. 관공서의 시상식은 많은 경우 시상자에 강조점을 두고 진행한다.

좀 더 구체적으로 주인공(연사, 가수 등)의 등장은 어떻게 연출할 수 있을까, 무대로 그냥 나오면 되는데 무엇이 고민일까. 주인공이 등장할 수 있는 위치는 너무 많다. 무대의 오른쪽(객석에서 볼 때), 무대의 왼쪽, 무대 뒤나 공중, 무대 아래에서도 등장할 수 있다. 그리고 등장 방법도 걸어서, 뛰어서, 마술처럼 순간적으로, 밧줄을 타고 등 구체적인 방법과 등장 시간이나 속도도 정해야 한다. 또한, 청중이 그 등장인물의 정체를 언제쯤 알게 할 것인가도 중요하다. 그리고 영상 등의 보조 매체나 특수효과는 어떻게 연출할지도 고민이 필요하다.

장면화를 위해 첫 번째로 할 일은 각 장면이 무엇을 표현하려는 것인지 확인하고 제목을 결정하는 것이다. 제목은 어떤 주제의 제시가 아니라 '오프닝'처럼 기능적인 제목이 좋다. 이때 장면의 의미(주제)를 드러내는 핵심적인 강조 요소를 무엇인지를 확인한다. 그다음에 장면의 분위기를 결정한다. 즉, 오프닝을 어떻게 표현할지 표현의 방향을 결정한다. '신비롭게', '품위 있게', '첨단적으로' 등을 예로 들 수 있다. 예를 들어 오프닝의 강조 요소로 '로고'나 '등장인물'을 선택하고 신비로운 분위기를 연출할 수 있다. 오프닝에서 로고의 신비로운 등장을 실제로 표현하기 위해 기술적으로 '안개(fog), 연화, 백라이트, 기계장치 등' 여러 효과를 사용할 수 있다.

다음은 배경의 설정과 함께 오브제, 영상, 등장인물 등의 기술적 배치와 내용적 배치의 결정이고 앞서 살펴본 장면구성의 방법을 활용하여 연출한다. 기술적 배치라는 것은 장면의 배경 안에 기능적 이유로 반드시 있어야 할 요소의 배치를 의미한다. 이런 요소는 모니터와 같이 내용상 불필요하여도 제거하기 어려울 때가 많아 내용에 맞게 위치나 크기를 조정하는 정도로 만족한다. 해당 장면에 꼭 필요한 요소는 아니어도 단상과 같이 앞, 뒤의 다른 장면과 연결을 위해 필요한 도구이거나 전체 시나리오 전개와 관련하여 필요할 수도 있다.

내용적 배치는 장면의 의미를 표현하기 위하여 배치하는 요소를 의미한다. 기본적인 제1원칙은 '한 장면의 구성은 그 장면이 필요로 하는 요소로만 채운다.'이다. 장면의 실제화는 출연진, 대소도구와 장치 등으로 구성하고 리허설의 반복과 수정을 통해 완성한다. 이벤트는 리허설을 충분히 시행하기 어려울 때가 많다. 따라서 연출회의와 기술회의 등을 통해 다양한 관점으로 시뮬레이션을 하고 경험 많은 전문가를 활용하여 예상되는 문제점을 충분히 점검하고 어려움을 극복한다.

가. 장면제목

진행대본과 큐시트의 맨 앞줄에 장면번호와 시간이 오고 다음으로 장면제목이 차지한다. 장면제목은 장면에서 표현할 내용을 객관적 관점에서 함축한다. 그리고 제작의 목적을 드러내고 제작자 간에 서로 의사소통하는 첫 번째 수단이다. 장면제목을 정할 때는 연출의 창의성을 제한하지 않도록 서술적 표현을 피한다. 더불어 각 장면이 전체 시나리오에서 어떤 역할을 하는지 기능적인 측면을 알 수 있도록 한다. 그리고 장면제목을 보고 전체 시나리오의 관점에서 강조해야 할 요소가 무엇인지 판단할 수 있도록 한다.

공식행사에서 장면제목을 예로 들면 오프닝, 사회자 인사, 참석자 소개, 경과보고, 환영사, 격려사, 시상식, 비전선포, 축하공연(초청가수 1, 2, 3) 등을 생각할 수 있다. 여기서 가장 중요한 장면을 하나 고른다면 비전선포를 선택할 수 있다. 그렇다면 모든 장면의 내용, 전체적 리듬과 강조가 비전선포를 향하도록 구성한다. 만약 비전에 대한 공유가 이미 이루어졌고 행사를 통해서 결의를 다지는 것이라면 비전선포는 형식적으로 의미를 부여하고 공로자를 치하하는 시상식이나 축하공연에 강조점을 둘 수도 있다.

전시장의 장면구성에서도 관람객의 동선과 시선을 따라서 등록, 입장, 대기, 주제관(주제별), 휴게, 무대 등의 장면을 제목으로 설정하여 연출할 수 있다. 특히 전시장의 무대와 관람석의 배치는 전시의 주제를 드러내는 핵심 조형물 중의 하나이므로 대표적, 상징적 이미지의 활용은 물론 다각적인 시선을 고려한 장면의 연출이 필요하다.

축제를 연출할 때도 각 프로그램의 연출뿐만 아니라 전체적인 수준에서 각 장면을 연출한다. 전시와 마찬가지로 축제도 참가자의 동선과 시선을 고려하여 장면을 구성한다. 주요 장면을 보면 출입구, ○○주제마당, 조형물, 체험마당, 먹거리 장터 등 각 장면이 주제에 따른 통일성을 표현할 수 있도록 구성한다.

나. 장면의 분위기

장면제목을 결정한 다음에 장면화를 위한 분위기를 결정한다. 각 장면은 전체 시나리오의 흐름을 고려하여 적절한 분위기를 선택한다. 자연스럽게, 격식에 맞추어, 신비스럽게, 즐겁게, 화려하게, 고풍스럽게, 최첨단 등 이벤트의 주제와 목적을 표현하는 연출가의 의도에 따라 그 장면에 어울리는 서술어를 선택한다. 장면의 분위기를 표현하는 이 서술어는 그 장면에서 참가자가 느끼게 될 감정이나 인상을 의미한다.

다. 표현요소

장면의 분위기를 선택하고 장면의 표현내용을 구성하기 위한 여러 표현요소를 선택한다. 대표적인 표현요소는 등장인물, 대소도구, 장치, 효과 등이 있다. 일반적으로 쓰이는 장치는 조명, 음향, 영상 등이다. 영상은 설명이나 효과, 중계를 위해서 주로 활용하지만, 인터넷으로 연결하여 참가자의 참여와 개최장소를 확장하는 도구로도 자주 활용한다. 다른 표현요소로 특수효과 장치도 자주 활용하고 행사의 마지막을 화려하게 마무리하기 위해 불꽃놀이용 연화 장치를 활용하기도 한다.

회의이벤트를 비롯하여 기업의 촉진 활동을 위한 이벤트는 홍보나 정보제공을 위한 전시 관련 장치도 많이 활용한다. 특히 회의이벤트에서 참가자를 위한 영접 공간은 등록, 안내, 만남, 휴식, 전시 등 다양한 기능을 제공하기에 여러 표현요소를 활용하여 장면을 연출한다. 단순한 것이 좋다는 관점에서 기능과 효율을 우선하는 접근으로 공간과 시설을 간명하게 배치할 수 있다. 그렇지만 적극적으로 장면을 연출함으로써 해당 회의의 특성과 주제를 풍부하게 드러내고 참가자의 능동적 체험을 유도할 수도 있다.

표현요소를 선택할 때는 참가자에게 익숙한 사회문화적 요소를 기본으로 한다. 낯선 요소를 가져올 때는 참가자의 비난이나 거부감에 주의한다. 만약 불가피하게 낯선 요소를 도입해야 할 때는 사전에 정보를 제공하거나 친근한 요소의 첨가나 변형을 등을 활용하여 거부감을 최소한으로 줄인다. 사전 정보제공은 구체적이고 서술적인 방법으로 제공하거나 짧은 안내 또는 잠깐 지나가는 이미지, 복선 등 연출 의도에 따라 적절한 방법을 활용한다.

그리고 표현요소 중 기술적인 이유로 불가피하게 장면화에 포함하는 요소가 있다. 그러한 예로는 관객의 시야를 가리지만 출연자에게는 필수적인 음향기기가 있다. 그럴 때는 장면구성에서 지배적인 요소가 되지 않도록 영향력을 최소한으로 줄이거나 필수적인 요소로 기능을 바꾸는 방법을 찾는다. 다른 예를 들어 진행 중에 관현악단이 필요한 장면이 있다면 그 자리는 미리 설치할 수밖에 없겠지만 단원은 연주가 필요한 장면에만 출연하는 것이 바람직하다. 단원들의 움직임과 시선이 다른 장면구성에서 관객의 시선을 분산하고 방해하는 요소로 작용하기 때문이다.

라. 배경

이벤트에서 배경은 한 장면에 국한하여 사용하거나 전환하여 사용하기보다 고정식으로 모든 장면의 배경으로 활용하는 경우가 많다. 따라서 각 장면의 구성에 도움을 줄 수 있는 전체적 배경을 찾으려 노력하고 각 장면에서 요구하는 표현요소들을 동시에 고려하여 디자인한다. 이동이나 변경이 쉽지 않은 표현요소는 처음부터 배경과 한 덩어리로 디자인하거나 어울리게 디자인하여 그 표현요소가 필요 없는 장면에 부담을 주지 않도록 한다.

이벤트에서 배경을 설정할 때 무대디자인의 배경만으로 완벽한 구성을 보여주려는 경향이 있다. 그 이유는 디자인 시안만을 놓고 볼 때 완성된 하나의 완벽한 설치물로 디자인하는 것이 주최자에게 선택받을 가능성이 크기 때문이다. 따라서 배경 디자인을 제시할 때는 배경만 보여주기보다 주요 장면을 적용한 예를 보여주고 관계자를 설득하는 것이 좋다.

공연프로그램이 아닌 전시, 회의, 프로모션 등 다른 이벤트의 장면화에서도 참가자를 포함한 디자인의 제시가 각 장면을 생동감 있게 설명한다. 드론 촬영이나 부감 샷을 영상에서 활용할 때를 제외하고는 참가자가 체험할 시점에서의 장면이 무엇인지를 고려하여 배경을 설정하는 것이 제일 중요하다.

그러함에도 배경은 배경 자체로 구성을 완결한다. 다른 표현요소의 배치를 위해 마련한 공간을 포함하여 전체적인 균형과 안정 그리고 강조를 고려하여 연출한다. 배경을 장면에 맞추어 손쉽게 전환하는 하나의 방법으로 영상매체를 많이 활용한다. 이벤트의 주요 장면은 홍보나 보도를 위한 자료로 배포하게 되므로 배경에서 명칭이나 로고 등 주요 정보를 명확하게 노출할 수 있도록 한다.

마. 배치

배치는 앞서 언급한 것처럼 기술적 배치와 내용적 배치로 구분할 수 있다. 내용적 배치는 각 장면에서 표현하고자 하는 바를 드러나게 하려고 표현요소를 배치하는 것이다. 연설의 장면화를 위해서는 연사와 연단을 기본적인 표현요소로 생각할 수 있다. 연설의 전달

효과를 높이기 위해 영상매체를 표현요소로 추가할 수 있다.

장면구성 방법을 적용하여 표현요소를 배치한다. 먼저 강조를 위해 연설자의 위치를 무대 정중앙이 앞쪽으로 정한다. 연설자가 가슴 이상을 노출할 수 있도록 하여 연단보다 왜소해 보이지 않고 지배적 자세가 되도록 높이를 맞춘다. 청중의 시선 흐름이 연설자에게 모일 수 있도록 배경을 디자인한다.

영상을 활용하는 경우 연설자의 모습을 확대하고 강화할 수 있도록 활용한다. 설명자료를 제시하는 영상을 자주 사용하여야 할 때는 관객 시선에서 보아 연설자는 무대 우측 1/3의 정도의 지점에, 영상은 중앙이나 좌측에 치우쳐 배치함으로써 바뀌는 내용을 자연스럽게 제시할 수 있도록 한다. 그렇게 하면 강조점은 연사에서 영상으로 옮겨간다. 연단 없이 연사가 연기하듯 무대를 지배하는 방식으로 무대를 활용할 수 있다. 그리고 마술처럼 연사의 몸짓에 따라 영상이나 장치를 움직이면서 발표할 수도 있다. 그렇지만 이러한 방법은 발표와 표현을 숙달한 연사일 때 가능하다.

기술적 배치를 위한 요소에는 각 장면에서 표현하고자 하는 내용과 관련 없는 요소가 있을 수 있다. 그리고 마이크 등의 음향 관련 장치는 거의 필수적으로 사용하지만, 내용적 요소라기보다 기술적 요소라고 할 수 있다. 연설장면에서 비교할 수 있는 표현요소인 연단은 연사의 등장을 예비하고 정체성을 강화하는 등 내용적 배치로서의 특성이 더 강하다. 스피커, 모니터, 프롬프터 등도 연사를 도와주는 기술적 요소라고 할 수 있다.

그리고 특정 장면을 위해 필요한 특수효과 장치는 미리 설치해야 하므로 그 밖의 다른 장면에서는 불필요한 기술적 요소로 작용한다. 조명의 경우 조명의 빛은 내용적 배치로 작용하지만, 조명기구는 기술적 요소이다. 기술적 요소는 가능한 한 눈에 보이지 않게 배치하여 내용 중심의 장면구성을 방해하지 않도록 한다.

참가자가 체험하는 장면 안에 들어온 모든 것은 표현요소로 작용한다. 내용적 배치의 표현요소는 그 장면의 표현을 위해 꼭 필요한 요소를 의미한다. 기술적 배치의 요소들을 내용적 배치의 표현요소로 바꾸기 위한 창조적 노력이 필요하다. 그렇지만 준비시간이 부족한 이벤트에서 그 부분에 너무 큰 노력을 투입하는 것은 경제성이 떨어질 수도 있다.

관객이 암묵적으로 용인하거나 익숙하게 받아들이는 기술적 요소들은 그대로 활용할 수 있다. 음향장치나 조명장치는 대부분 그러한 기술적 요소에 해당한다. 기자회견에서 볼 수 있는 여러 대의 마이크는 오히려 발표자의 권위를 높이거나 사건의 크기를 방증하는 내용적 표현요소로 작용한다. 그리고 기술적 요소인 마이크에 행사명판을 붙이는 방법으로 내용적 요소로 바꾸어 활용하는 예가 일반적이다.

바. 실제화

장면구성 방법에 따라 표현요소를 배치하고 나면 장면을 실제로 만드는 과정으로 이행한다. 연출로 표현하려는 내용을 참가자의 시선에서 체험할 수 있는지를 점검하고 수정, 보완하는 작업이다. 장면의 표현 목적과 목표를 달성할 수 있는지 내용적 요소와 기술적 요소를 점검하고 전문가의 도움을 받는다. 점검 내용을 바탕으로 리허설을 통해 장면을 완성하고 실연한다.

장면화는 고정된 하나의 장면을 실제화하는 것이 아니고 시간의 흐름에 따라 변화하는 장면을 실제화하는 것이다. 연사가 등장하는 장면은 빈 무대에 연사가 나타나서 정해진 위치에 도달했을 때 끝난다. 그러므로 '연사의 등장' 장면은 연사가 없는 시간이 대부분이고 '연사'라는 강조점이 나타나면서 끝난다. 연사를 강조하기 위해 연사의 움직임을 따라 조명이 움직이거나 영상으로 중계할 수 있다. 연사가 연설하는 중에도 영상의 변화에 따라 강조점이 변화하기 때문에 전체가 연출 의도에 따라 움직일 수 있도록 한다.

이벤트에서 참가자는 단순한 관찰자가 아니고 직접 참여하는 체험의 구성요소이다. 따라서 장면화를 할 때는 참가자를 포함하여 어떠한 변화가 발생하는지를 확인한다. 특히 회의, 전시, 스포츠 등의 이벤트처럼 참가자의 참여가 장면 완성에 필수적일 경우 장면의 실제화는 이벤트를 개최하기 전까지 확인하기가 어렵다. 따라서 장면화를 위해서는 많은 경험과 전문적인 주도면밀함이 필요하다.

3. 연결 Sequence

당연하지만 아무리 잘 만든 장면이라도 그것 하나만으로 이벤트를 완성할 수는 없다. 이벤트를 개최하기 위해서는 여러 장면을 효과적으로 연결하여야 목적한 이벤트를 개최할 수 있다. 연결을 통해 연출하려는 시나리오를 전체적으로 완성한다. 연결은 내용적인 연결을 기본으로 하고 기술적인 연결의 도움을 받는다.

장면의 내용과 마찬가지로 장면과 장면은 개최지역과 참가자의 사회문화적 관습을 기반으로 연결한다. 사회문화적 관습에서 용인하는 방법으로 연결이 이루어질 때 친숙감과 안정감을 유지할 수 있다. 각 장면의 내용이나 장면의 연결이 사회문화적 관습과 거리가 멀수록 낯설고 독특한 성격이 두드러진다. 그 내용을 참가자들이 용인할 수 있으면 이벤트는 신선함과 창의성이 높다는 긍정적 평가를 받고 용인할 수 없으면 부정적 평가를 받거나 비난의 대상이 된다.

가. 내용적 연결

내용적 연결은 사실에 기반한 연결과 심리적인 연결로 나눌 수 있다. 사실적 연결은 절차, 서사, 인과 등에 따른 연결이고 심리적 연결은 동기, 리듬, 정서 등에 따른 연결이다.

1) 사실 중심 연결

사실 중심 연결은 사실에 기반한 연결을 말한다. 사회문화적인 관습에서 굳어진 절차는 쉽게 바꾸기 어렵다. 의식이나 의례의 절차가 이에 해당하고 문구도 정해진 경우가 많다. 공식행사의 순서 그리고 국민의례의 예를 들 수 있다. 애국가의 연주는 그 엄숙성을 훼손하거나 순서를 바꿀 수 없다. 하지만 장면을 강조하기 위해 제창 대신에 가수나 성악가를 초청하여 애국가를 부르거나 특별한 합창단이나 관현악단을 활용할 수도 있다. 독특한 연출을 예로 들면 대규모의 수화 합창단이 애국가를 제창함으로써 웅장한 무용 장면처럼 의례를 대신할 수 있다.

전시이벤트의 장면 연결은 서사나 스토리 전개에 따라 진행하는 예가 많다. 예를 들어 제품의 제조과정이라든지 발달순서로 전시 장면을 연결할 수 있다. 사업 분야나 제품군을 구분하여 장면을 나눌 수도 있다. 원인과 결과의 순서로도 장면을 연결할 수 있고 미션의 전개 과정과 해결에 따라서도 장면을 연결할 수 있다. 전시이벤트에서 강제 동선이 아닌 경우는 관람자에 의해 장면이 연결되므로 길찾기를 돕는 연출이 필요하다.

2) 심리적 연결

심리적인 연결은 동기나 정서, 리듬에 따라 진행하는 것을 말한다. 가장 일반적인 전체적 리듬은 기승전결의 흐름을 따르는 것이다. 기승전결의 흐름은 기본적으로 서사적이지만 이야기 없이 직관적 리듬만을 활용하여 장면을 제시할 수 있다. 주제를 제시하고 다양한 변화의 양상을 보여준 다음 최종적 결론이나 대단원의 대미를 제시하고 마무리한다. 동기에 따른 연결은 '왜'라는 궁금증이나 기대에 대한 해답이나 응답을 제시하면서 연결하는 방식이다. 인과적 연결과 비슷하지만, 선후의 시간적 순서를 따르지 않는다. 정서적 연결은 의아함으로 시작하여 격정과 즐거움을 교차하고 행복감으로 마무리하는 방식이나 외로움의 각자에서 어울림의 하나로 이어지는 방식을 예로 들 수 있다.

나. 기술적 연결

기술적인 연결은 내용적 연결을 강화하거나 보조하는 수단이지만, 이벤트 무대에서는 장면 연결의 주요 수단이 되는 경우가 많다. 상투적 방식의 기술적 연결은 장면 연결의 개연성을 약화할 수 있다. 기술적 연결 방법은 음향, 조명, 영상, 효과, 기타 장치 등 여러 가지 수단이 있다. 음향을 이용한 장면 연결의 대표적인 예는 등장 음악이다. 비슷한 예로 조명에서는 암전과 같이 조도의 급격한 변화를 예로 들 수 있다. 그 밖에 포그머신(안개효과)의 활용이나 개폐장치, 슬라이드 영상장치 등 다양한 방법을 활용할 수 있다.

다. 연결의 크기, 방향, 속도

장면의 내용적 연결은 방향성을 지닌다. 작은 단서를 분화하여 여러 가지로 전개할 수 있고 여러 가지 이야기가 하나의 사건으로 수렴할 수도 있다. 장면은 시간 순서로 전개할 수 있고 그 반대로 역류할 수도 있다. 지리적, 공간적 순서를 정하여 전개할 수도 있다. 그리고 논리적 연역이나 귀납에 따라 전개하는 방법도 있다. 기술적 연결일 때도 리듬이 생기면 방향성을 얻는다. 방향성은 참가자의 기대감을 자극함으로써 내용과 관련 없는 연결도 방향성이 생기면 연결의 타당성을 얻는다.

내용에 따라 장면을 연결할 때 연결의 강도가 다를 수 있다. 인과적이거나 논리적인 연결은 강도가 크고 단순한 기술적 연결일수록 강도가 작다. 단서가 축적될수록 장면 연결의 강도는 강해진다. 연결 강도를 높이기 위해 그 장면과 장면 사이에 휴지를 두어 강도를 강화할 수도 있다. 그러면 연결 속도는 느려지지만, 참가자의 기대감은 증폭할 수 있다. 장면 연결의 속도는 각 장면의 시간이나 장면의 연결시간이 짧을수록 속도가 빠르게 느껴진다. 더불어 설명이나 연결단계의 생략도 연결의 속도를 빠르게 한다. 그렇지만 지나친 생략은 연결의 강도를 약하게 함으로써 연결의 타당성을 사라지게 할 수 있다.

라. 게슈탈트(Gestalt): 통합적 인식

1) 게슈탈트 지각체계

게슈탈트라는 개념은 사람이 사물이나 현상을 전체적 관점에서 하나의 모양으로 갖추어 지각한다는 것이다. 20세기 초부터 발전한 게슈탈트 개념은 지각 중심적인 해석을 통해 사람의 학습, 기억, 문제해결 등의 지적 활동을 설명한다. 예를 들어 말이 달리는 모습을 나누어 그린 그림 여러 장을 연속해서 빠르게 보여줄 때 달리는 동영상으로 인식한다. 이것은 움직이지 않는 것을 움직이는 것으로 인식하는 가현운동(apparent movement)이고 게슈탈트 개념의 하나이다. 사람은 여기서 두 말 그림 사이의 비어있는 공간을 가상의 말 그림으로 채워 인식하는데 이것은 실제의 물리적 현실과 다르게 인식하는 것이다. 〈그림 2-13〉의 원통을 돌리면서 틈 사이로 보면 말이 달리는 모습으로 보인다. 이러한 게슈탈트 개념은 통합적인 연출을 위해 이벤트연출가가 반드시 알아야 할 개념이다.

〈그림 2-13〉 가현운동

게슈탈트 개념은 우리를 이벤트 각 장면의 변화와 연결을 설명하는 리듬을 지각하도록 이끈다. 이는 색, 모양, 소리, 크기, 질감, 거리, 시간, 방향, 운동 등을 통해 대상을 집단화하고 의미를 부여한다. 연속하는 소리는 하나의 곡을 형성하고 이어진 점들은 선을 만들고 어떤 방향으로 흐른다. 이런 집단화 현상은 복잡한 모양을 단순한 형태로 인식하도록 우리의 인식을 이끈다. 반면 이는 어떤 집단을 다른 것과 분리하는 인식이기도 하다. 다르게 말하면 전경(대상)과 배경을 분리하는 것이다. 전경과 배경은 서로 위치를 바꿀 수도 있다. 그러므로 이벤트연출에서 강조하려 했던 대상을 실제 장면에서는 강조하지 못하는 결과를 초래할 때도 있다.

게슈탈트 개념에 따른 설명에서 인간은 물리적 현실 세계를 지각할 때 개인의 특성과 문화에 따라 다르게 인식한다. 따라서 이벤트 연출을 훌륭하게 수행하기 위해서는 사람의 일반적인 인식체계를 이해하는 것과 더불어 참가자의 개인적 특성과 문화적 특성을 이해하고 그것을 연출에 적용할 수 있어야 한다. 이벤트의 각 장면을 전체적으로 연결했을 때 참가자 스스로 인식을 통해 어떤 통찰을 획득하고 쾌감을 누릴 수 있도록 연출하였다면 최소한 게슈탈트의 개념에서 훌륭한 작품을 만든 것이라고 할 수 있다.

2) 게슈탈트 법칙

a. 근접의 법칙 Law of Proximity

공간 또는 시간 간격에서 비교적 가까운 대상들을 하나의 집단으로 묶어서 인식하려는 것을 의미한다. 가까울수록 상관관계가 높다고 인식하고 하나의 영역을 설정하면 그 안에 있는 것들을 더 가깝게 인식한다. 〈그림 2-14〉에서 가운데로 모이거나 선으로 묶은 것이 하나의 집단으로 보인다.

〈그림 2-14〉 근접의 법칙

복장 등 유사한 인물들이나 대상을 강조할 때 간격을 이용하여
구분할 수 있다. 전시에서도 같은 유형의 부스도 간격을 주거나 영
역을 달리하여 구분할 수 있다.

b. 유사의 법칙 Law of Similarity

유사한 대상들을 하나의 집단으로 묶어서 인식하려는 것을 의미
한다. 유사성에 대한 지각은 모양과 색상에서 두드러진다.

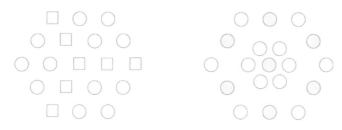

〈그림 2-15〉 유사의 법칙

도우미나 경호 또는 진행요원의 의상이 대표적인 활용의 예라고
할 수 있다. 서로 다른 장면의 인물이나 대상도 유사성을 이용하여
상관관계를 쉽게 만들 수 있다.

c. 완성의 법칙 Law of Closure

기존 지식을 바탕으로 불완전한 것을 완성하여 하나의 모양으로
인식하려는 것을 의미한다. 틈새를 메움으로써 대상의 의미와 의도
를 찾는 것이라고 할 수 있다. 〈그림 2-16〉에서 외곽선이나 색이 없
지만 구와 삼각형을 확인할 수 있다.

안내 문구나 그래픽디자인 등에서 많이 활용하고 있다. 우리가
문장에서 오탈자를 발견하기 어려운 이유도 완성의 법칙과 관련있다.

〈그림 2-16〉 완성의 법칙

d. 대칭의 법칙 Law of Symmetry

대칭의 이미지는 조금 떨어져 있더라도 하나의 집단으로 묶어서 인식하려는 것을 의미한다.

예를 들면 ( ) ( ) ( ) 등은 가까운 것을 결합하여 지각하기보다 익숙한 각 대칭의 괄호를 인식하여 안정과 질서를 추구한다.

e. 공동운명의 법칙 Law of Common Fate

같은 방향으로 움직이는 대상들을 하나의 집단으로 묶어서 인식하려는 것을 의미한다. 〈그림 2-17〉에서 화살표 방향으로 행렬이 무리지어 움직인다.

동선 안내를 위해 활용되는 연속하는 선이나 화살표를 예로 들 수 있고 색상의 나열만으로도 비슷한 효과를 얻는다. 사람들의 움직임에 일정한 방향이 생기면 쉽게 바꿀 수 없는 이유이기도 하다.

〈그림 2-17〉 공동운명의 법칙

f. 연속의 법칙 Law of Continuity

어떤 대상들이 방향성을 지닐 때 급격한 움직임의 변화보다 부드러운 연속선으로 인식하는 것을 의미한다. 〈그림 2-18〉에서 원들의 행렬을 볼 때 곡선에서 직선 또는 직선에서 곡선으로 꺾긴 상태로 인식하기보다 직선 행렬과 곡선 행렬의 만남으로 인식한다.

동선을 구성할 때 급격하게 변화를 주면 사람들은 그 방향을 인식하지 못하고 관성에 따른 방향으로 진행할 수 있다. 불가피한 경우에는 충분하게 인지할 수 있도록 정보를 제공하여 유도한다.

〈그림 2-18〉 연속의 법칙

g. 간결성의 법칙 Law of Good Gestalt, Law of Prägnanz

대상을 주어진 조건에서 최대한 단순하게 인식하려는 것을 의미한다. 〈그림 2-19〉의 왼쪽 그림을 조각난 여러 도형으로 인식하지 않고 오륜기로 인식하는 것을 예로 들 수 있다. 좀 더 설명하면 가운데 도형은 두 원의 겹침으로 인식하고 오른쪽의 그림과 같이 쪽달 모양을 합친 것으로 인식하지는 않는다.

이는 참가자가 익숙한 자신의 경험을 바탕으로 이벤트 체험에서 통찰을 얻는 원리와 유사하다. 다시 말하면 참가자에게 사회문화적 으로 익숙한 것을 바탕으로 장면을 연출하여야 함을 말한다. 익숙 하지 않은 것은 거부하거나 익숙한 내용으로 바꾸어 받아들일 수 있다.

〈그림 2-19〉 연속의 법칙

4. 리듬 Rhythm

한 장면의 구성 그리고 장면과 장면을 연결할 때 전체적인 리듬 (율동감)이 중요한 역할을 한다. 리듬은 패턴과 박자로 이루어져 있다. 리듬은 시각이나 청각으로 연속하는 인상의 덩어리라고 할 수 있다. 리듬의 움직임은 생명의 활력과 관계가 있다. 심장의 고동과 맥박 그리고 폐의 호흡이 대표적이다. 숨이나 맥박이 고르면 안정감을, 빠르고 불규칙적일 때는 긴박감이나 불안감을 느낄 수 있다.

리듬은 주목도를 높인다. 정지한 물체보다는 움직이는 물체에 주목하고 움직임에 리듬이 생기면 더욱 주목하고 그 리듬의 진행 중에 불규칙성이 생기면 금방 알아차릴 수 있다. 리듬의 느낌을 살리기 위해서는 리듬에 주목하고 적응할 수 있는 적당한 시간이 필요하고 그 리듬에 익숙해지면 주목도는 줄어든다. 사회문화적으로 익숙한 리듬은 금방 확인할 수 있고 낯선 리듬을 받아들이기 위해서는 좀 더 많은 시간이 필요하다.

리듬은 분위기를 표현하고 성격을 규정하며 변화와 결합을 수행한다. 리듬은 특정 패턴이 지닌 박자의 변화나 비율의 변화, 압축, 가속화 등 템포의 변화를 통해 나타난다. 여기서 압축은 비약이라고도 할 수 있다. 그리고 가속화는 중복, 분할, 점증, 감소 등의 방법으로 드러난다. 전체적으로 이어지는 박자의 강세가 불규칙할 때는 흥분감이나 경박성이 나타나고 규칙적일 때는 정돈이나 부드러운 느낌을 전달한다.

작가나 연출가들이 핵심적인 강조점을 뒷부분에 배치하는 것은 상승의 느낌이나 깊은 인상을 전달하는 리듬이다. 이벤트 프로그램 중 짧은 의례에서 앞부분에 강조점이 실리는 것은 명징하고 형식적인 느낌을 전달하는 리듬이다. 각 장면의 리듬과 이벤트 전체의 리듬을 통합적으로 잘 연출하면 참가자에게 전달하고자 하는 주제의 분위기를 풍부한 느낌으로 전달할 수 있다.

가. 리듬의 구성

1) 패턴

리듬은 강세가 일정한 간격으로 나타날 때 드러난다. 그렇게 반복하는 하나의 덩어리를 패턴의 최소 단위라고 할 수 있다. 예를 들어 3박자의 왈츠 형태는 전체적으로 부드러움과 고요 그리고 휴식의 느낌을 준다. 그렇지만 앞에 강세가 온다면 형식적 명징성을 부여할 수 있고 두 번째 강세가 오면 쾌활해지며 마지막에 강세가 오면 상승감을 준다.

4박자 형태는 규칙성과 중후함을 준다. 4박자에서 첫 강세는 사별하는 하강의 느낌을 준다. 세 번째, 네 번째 강세는 상승하는 느낌을 주고 세 번째 강세가 좀 더 가볍다. 6박자는 마지막 강세에서 장중한 느낌이 나고 다섯 번째 강세에서 긴장감을 높인다. 한편 5박자나 7박자의 홀수박자는 불규칙, 경박, 비현실성의 느낌을 준다. 짧은 박자의 반복에서는 흥분, 쾌활, 기쁨, 조급함, 날카로움, 충동성, 스타카토(단속적 진행), 추진력 등이 나타난다. 긴 박자의 반복은 무기력, 침착, 무익성, 게으름, 정서적 긴장의 이완과 해방감을 전달한다.

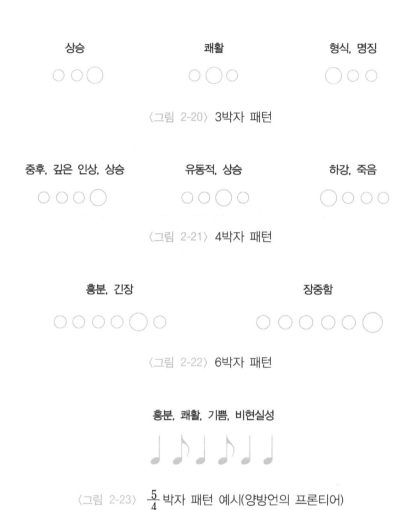

상승   쾌활   형식, 명징

〈그림 2-20〉 3박자 패턴

중후, 깊은 인상, 상승   유동적, 상승   하강, 죽음

〈그림 2-21〉 4박자 패턴

흥분, 긴장   장중함

〈그림 2-22〉 6박자 패턴

흥분, 쾌활, 기쁨, 비현실성

〈그림 2-23〉 $\frac{5}{4}$ 박자 패턴 예시(양방언의 프론티어)

2) 템포

리듬은 시간의 진행과 밀접한 관계가 있다. 같은 박자라도 반복하는 시간이 짧거나 긴 것에 따라 느낌에 차이가 난다. 박자를 바꾸지 않더라도 템포의 변화만으로도 긴장이나 이완 등 분위기의 변화를 꾀할 수 있다. 이러한 템포의 변이는 연출의 효과를 표현한다. 예를 들어 쇼팽의 피아노 연주기법으로 알려진 '루바토'는 템포의

조정을 통해 곡의 서정성과 예술성을 높인다. 그리고 전시에서 템포는 배치 형태의 전체적 길이나 패턴 단위 사이의 간격이 만드는 휴지의 길이로 바꾸어 생각할 수 있다.

느린 템포는 엄숙함, 신비스러움, 경이로움, 숭엄함, 동정심, 순종, 깊은 정서 등 무게감과 함축성을 연출할 수 있다. 정상적 템포로서의 중간 템포는 이상적이고 통제적인 느낌의 침착성, 정돈, 냉정함, 심각성 등을 전달할 수 있다. 빠른 템포는 가속성을 통해 흥분감이나 긴장을 연출함으로써 활기, 환상, 기쁨, 성급함 등을 나타낼 수 있다. 이벤트에서 격식을 갖추기 위해서는 정상 템포에서 느린 템포로의 강조를 위한 변화를 활용하고, 즐거운 분위기를 연출하기 위해서는 전체적으로 빠른 템포를 활용할 수 있다. 템포는 주로 배경음악을 사용하여 표현할 수 있고 장면의 전환 속도나 사회자의 진행속도를 활용해서 조절할 수 있다.

기본적으로 짧은 박자와 휴지를 연결하는 반복은 흥분, 쾌활, 기쁨, 조급함, 날카로움, 충동성, 스타카토, 추진력 등을 연출할 수 있다. 그리고 긴 박자와 휴지를 연결하는 반복은 무기력, 침착, 무익성, 게으름, 이완, 해방감 등의 느낌을 연출할 수 있다. 사람의 맥박을 기준으로 빠르다, 느리다를 비교할 수 있다.

나. 리듬의 효과

리듬은 이벤트 체험에 생명을 부여한다. 리듬은 이벤트의 정서적 성격을 드러내고 연출에 고유성을 부가하거나 강화한다. 그리고 리듬은 서로 다른 장면을 구별하도록 돕는 역할도 한다.

1) 연상 작용

각 민족에게 민속 음악의 고유한 리듬이 있는 것과 마찬가지로 개인에게 익숙한 리듬은 그 리듬으로 연상할 수 있는 정서나 전형적인 상황이 있다. 그러한 리듬은 향수를 불러일으키기도 하고 다가올 사건을 예측 가능하게 만든다. 리듬을 통한 정서적 준비는 체험의 내용에 대한 공감을 높임으로써 연출의 효과를 함께 상승시킨다.

2) 분위기의 조성과 전달

분위기는 참가자가 느끼는 지배적인 정서를 의미하고 리듬은 이벤트의 분위기 조성에 중요한 역할을 한다. 리듬은 본격적인 내용의 전개에 앞서 참가자에게 다가올 정서를 준비시키고 쉽게 받아들일 수 있도록 돕는 역할을 할 수 있다. 어떤 장면을 시작하기 전에 쾌활한 박자의 연주를 시작하면 참가자의 기분을 가벼운 분위기로 유도할 수 있다. 리듬은 참가자에게 이벤트의 분위기를 암시하거나 함축적으로 표현할 수 있도록 돕는다.

내용을 명시적으로 길게 설명할 필요성이 있거나 부가적인 설명이 필요한 장면에서도 일부 내용의 제시를 의도적으로 생략하고 적절한 리듬만으로 표현할 수 있다. 그렇게 하면 비록 장면의 구체성은 부족해지겠지만 비교적 짧은 시간에 원하는 내용을 함축적으로 전달할 수 있고 정서적 긴장도 유지할 수 있다.

가령 영상의 한 장면을 상징적 이미지나 추상적 방법으로 구성하여 제시하더라도 시청자는 앞선 장면과 이어지는 장면의 리듬이 제공하는 분위기에 따라 진행 중인 이야기의 경과를 유추할 수 있다. 그렇게 하면 그냥 설명적 영상을 보여줄 때보다 어쩌면 더 큰 몰입감으로 참가자의 능동적 감상을 이끌어 갈 수 있다.

3) 조화와 연결

리듬은 서로 다른 장면을 연결하고 전체적인 조화를 이룰 수 있도록 도와준다. 그리고 같거나 유사한 리듬으로 움직이는 사람이나 사물은 형태가 달라도 하나의 집단으로 연결하여 받아들이기 쉽고 통일성을 부여할 수 있다.

다. 리듬의 적용

한 장면은 대체로 같은 박자를 유지하고 필요한 변화는 템포의 조절을 활용한다. 한 이벤트 전체를 지배하는, 다시 말하면 전체적인 분위기를 이끄는 기본 박자를 정하고 그것을 기준으로 변화를 연출함으로써 분위기의 일관성을 유지할 수 있고 강조의 포인트를 쉽게 제시할 수 있다.

여백이나 휴지도 리듬의 한 부분으로 생각하여 연출한다. 가령 청중이나 관람객의 환호성 또는 행사장의 어떤 위치가 프로그램이나 동선의 리듬을 멈추게 하거나 리듬의 빈 부분을 채우는 엉뚱한 요소로 작용함으로써 예기치 못한 리듬의 변화를 유발할 수 있음도 주의한다.

이벤트에서는 새롭게 등장하거나 불현듯 나타나는 요소가 많기에 주의가 필요하다. 새로운 요소가 갑자기 등장하면 리듬의 연속성이 끊어진다. 따라서 새로운 요소가 등장하기 전에 미리 리듬을 제시하여 참가자가 자연스럽게 상황을 받아들일 수 있도록 준비한다. 이는 보통 앞 장면의 끝이나 연결 부분의 배경음악으로 해결한다.

　그리고 등장하는 인물에 대한 정보가 부족하면 어떤 리듬을 제시할지 몰라 통제가 어려울 수 있다. 준비한 발표 자료나 영상의 활용이 전체 리듬과 어울리지 않거나 기술적 문제가 발생함으로써 전혀 엉뚱한 리듬을 만들거나 끊어지기도 한다. 그리고 참가자가 반응하는 크기나 횟수 그리고 동선의 흐름도 리듬의 한 부분으로 고려하여 연출한다.

5. 통합 Integration

연결과 리듬에서 이미 살펴본 바와 같이 각 장면은 개별적으로 의미가 있지만, 전체 시나리오에 따라서 유기적으로 통합할 때 그 의미가 더욱 분명해지고 장면의 역할도 선명해진다. 전체를 묶는다는 의미에서 통합에 대한 설명을 가장 뒷부분에 배치하였지만, 통합의 방향을 맨 처음에 결정하여야 나머지 연출방법을 적용할 수 있다.

전체적 통합에서 고려할 첫 번째 사항은 타당성이다. 앞에서 언급한 참가자의 사회문화적 관습이라는 관점에서 전체적 연결의 타당성을 확보한다. 다음은 내용의 전개를 바탕으로 한 매끄러운 기술적 연결이 필요하다.

이벤트는 충분한 연습 시간을 확보하기 어려우므로 진행하는 과정에서 무의미한 공백이나 엉뚱한 리듬이 발생하지 않도록 주의한다. 그런 공백이나 리듬이 발생하면 이를 극복하기 위해서 이벤트 연출가는 순간적으로 기지를 발휘할 수밖에 없다. 그렇지만 이는 충분한 대응으로 이어지기 어렵다. 가능한 한 사전 연습과 시뮬레이션을 통해 이벤트 실행과정에서 통합이 정확하게 이루어지도록 준비한다.

실행과정에서 명심할 사항은 연출을 통해 어떤 표현을 하고자 하는가 또는 어떤 결과를 만들고자 하는가를 늘 상기하는 것이다. 이벤트를 함께 제작하는 연출 관계자들과 진행자에게는 각 장면과 장면의 연결에 대한 상세하고 분명한 세부적 설명을 전달함으로써 통합의 오차를 줄인다. 장면을 성공적으로 통합하기 위해서는 준비과정에서 충분한 커뮤니케이션이 필요하고 실제 행사를 진행하는 상황에서도 끊김 없는 소통 수단이 필요하다.

스토리를 전체적으로 연결하기 위해 쉽게 활용하는 몇 가지 방법이 있다. 먼저 전체적인 장면에서 부분적인 장면으로 축소하거나 반대로 부분에서 전체로 확대하여 전개할 수도 있다. 즉, 사건의 크기나 강도를 기준으로 점증이나 점강적 전개 방법이 있다. 그리고 시간이나 지리적 위치 그리고 공간적 순서에 따른 전개 방법이 있다. 예를 들어 퍼레이드가 진행하는 각 단위행렬의 주제는 역사적 순서나 지리적 순서에 따라 전개할 수 있다. 다음은 논리적인 전개 방법으로 인과적 관계에 따르거나, 삼단논법과 같이 연역적 방법 또는 여러 사건을 묶어 결론으로 이끄는 귀납적 방법을 생각할 수 있다. 끝으로 각 집단의 사회문화적 관습에 따른 전개 방법으로 의식이나 축제의 전통적 진행순서에서 그 예를 찾을 수 있다.

1) 효과적 통합을 위한 제안

추가로 이벤트 체험을 흥미롭게 만들기 위해서 적용할 수 있는 몇 가지 수단을 소개한다. 첫 번째는 기대감을 활용한 긴장의 축적과 해소이다. 이는 소설의 복선과 같은 암시적 요소를 사전에 제시하여 등장할 내용에 대해 기대를 조성하는 것이다. 암시 요소의 반복이나 유사한 요소의 중첩적 제시를 통해 그 기대의 긴장도를 높일 수 있다. 이러한 복선은 말 그대로 숨겨놓은 이야기가 있고 반전으로 확인될 때 최종적인 재미를 유발한다. 이것은 이벤트의 특성인 '뜻밖의 즐거운 체험'을 실현하는 방법이라고 할 수도 있다.

두 번째는 다중구조를 활용하여 내용을 변화시킴으로써 전체 내용을 풍부하게 만드는 것이다. 한 가지의 핵심적인 내용만으로 프로그램을 구성하면 단조롭고 지루하다. 따라서 핵심 체험과 비교할 수 있고 배경으로 활용할 수 있는 보조 프로그램을 배치하여 핵심적인 체험내용을 풍부하고 입체적으로 만드는 방법을 활용한다.

그리고 핵심 내용을 서로 다른 관점에서 접근하는 방식, 또는 서로 대비하는 방법 등으로 복수의 핵심 프로그램을 활용할 수 있다. 이때에는 여러 핵심 내용이 서로 충돌하는 것이 아니라 최종적인 하나의 결론이나 목표에 도달할 수 있도록 구성한다. 핵심 내용은 결과를 처음에 제시하고 의문을 풀어가는 방식이나 시작에서 결과로 풀어가는 과정으로 만들어 이야기를 창출할 수 있다. 이렇게 핵심 내용의 변화된 모습이나 여러 각도의 모습을 제시하면 참가자의 체험에 풍부한 입체감을 제공할 수 있다.

세 번째는 참가자와 공유할 수 있는 경험의 활용이다. 참가자나 그 집단이 지닌 독특한 경험과 문화를 활용하여 연출하면 참가자의 호응을 쉽게 획득함으로써 목표하는 내용을 쉽게 전달하거나 설득할 수 있다. 예를 들어 외국인 연사가 한국말로 인사를 시작하면서 자신의 한국문화 경험을 바탕으로 강연내용을 풀어가면 호응과 호감을 쉽게 높일 수 있다. 한국 노래를 준비한 외국 가수에 대한 호감도가 높아지는 것도 같은 이유다.

마지막 제안은 참가자의 가치관을 고려한 긍정적 정서의 지향이다. 체험을 통해 형성하는 정서는 참가자의 가치관에 따라 긍·부정에 대한 판단이 달라진다. 그리고 이벤트는 체험을 통해 참가자의 변화를 이끄는 것이 목적이기 때문에 참가자의 가치관을 기반으로 긍정적 감정과 정서를 형성할 수 있도록 이벤트의 체험내용을 연출한다.

참가자의 가치관과 어긋나는 이벤트 프로그램은 오히려 비난의 대상이 되고 거부된다. 극단적인 예를 들자면 장애인을 위한 행사에 장애인을 고려하지 않는 프로그램이나 시설, 장치 등을 배치한다면 일반적으로 아무리 재미있는 프로그램이라도 분명하게 배척될 것이다. 넓게는 장면 내용이나 장면 연결에서 계속 언급한 것처럼 사회문화적 타당성을 고려하는 것과 같은 맥락이라고 할 수 있다.

E V E N T

III

이벤트 유형과 연출

1. 전시이벤트

가. 전시이벤트의 개념

이벤트로 분류할 수 있는 전시는 비일상적인 이벤트이므로 산업
전시(무역전시)가 대표적이다. 이 글에서는 메가이벤트(mega event) 규
모로서 최대 반년 동안 개최하는 세계박람회도 전시이벤트 범위에
포함한다. 미술전람회와 같은 예술적 전시도 학문적 기준에서는 전
시이벤트라고 할 수 있다. 그렇지만 산업적 활동에 주목하는 이벤
트의 일반적 경향과 순수한 예술 활동은 이벤트에서 제외하는 경향
에 따라 여기서도 논외로 한다.

전시이벤트는 개최자와 전시자 그리고 방문객의 상호 활동으로
구성한다.3) 한편 박물관과 같은 상설전시에서는 전시물을 매개로
전시자와 관람자의 상호작용에 주목한다. 산업전시는 특정 분야의
시장 전체 또는 특정 이슈를 압축적으로 집합하여 개최한다. 개최
자의 목적에 따라 개최하는 산업전시에서 전시자는 판매자(생산자)
로서 방문객은 구매자로서 서로 교류한다.

상설전시도 관람자의 직접적인 체험을 확장하기 위해 노력하지
만, 전시이벤트는 본질적인 측면에서 전시자와 방문객이 쌍방향으
로 소통하는 체험을 전제로 한다. 전시이벤트에서 전시물은 전시자
가 방문객에게 전달하려는 '가치'를 알리는 보조적 수단이라고 할

---

3) 다른 유형의 이벤트에서는 방문객 대신에 참가자라고 용어를 통일함으로써 능동적 체
험을 강조했다. 그렇지만 전시이벤트에서는 전시자(기업, 단체 등)를 참가자라고 말하
는 경우가 많아 바이어 등의 관람객을 방문객으로 구분하여 지칭한다.

수 있다. 방문객에게도 전시물은 전시자를 통해 찾고자 하는 '가치'를 확인하는 단서로 작용한다. 때론 예상하지 못했던 전시물을 만남으로써 전시자와 방문객은 함께 새로운 '가치'를 창출하기도 한다. 이렇게 상호 간에 가치를 확인하고 새로운 가치를 창출하는 것은 개최자가 추구하는 목적과 맞닿아 있다. 여기서 말하는 '가치'는 미래의 상품이나 서비스의 발견 또는 새로운 시장의 개척이라고 간단하게 말할 수 있다.

개최자는 특정 분야의 생산자와 구매자를 한자리에 모아 해당 산업 분야의 성과를 정리하고 미래의 전망을 제시함으로써 정책적 성과를 성취할 수 있다. 개최지로 향한 정보와 사람의 집적은 지역적 발전으로 연결된다. 따라서 개최자에게 있어 전시이벤트 개최를 위한 연출의 핵심적 화두는 해당 분야 정보와 사람의 집적을 과시하는 것 그리고 전시자와 방문객 등 여러 주체자 간의 교류 활동을 활발하게 만드는 것이라고 할 수 있다.

전시자가 전시이벤트에 참가하는 목적은 혁신기술의 탐색, 최신 트렌드 유지, 신규 공급자 탐색, 인맥 형성, 새로운 기회의 포착, 기존 공급자와의 만남, 발표 참관 등 다양하다. 그중에서도 핵심적인 목적은 리드(lead, 가망고객)를 창출하는 데 초점을 맞춘다. 다시 말하면 방문객을 이끌어 자신의 성취와 핵심 가치를 과시하고 미래의 발전적 전망을 제시함으로써 가치 창출의 지속적 동반자를 확보하는 것이라고 할 수 있다.

나. 전시이벤트 방문객 동선

전시이벤트의 방문객 동선은 자유관람동선이나 선택관람동선으로 구성한다. 자유관람동선은 소주제별 구분을 명확히 제시하지 않고 방문객의 의지에 따라 자유롭게 이동하며 전시부스를 방문하는 형태이다. 이 동선은 인기 전시부스 등의 혼잡과 특정 전시부스의 소외가 발생하기 쉽다.

선택관람동선도 방문객이 자유롭게 동선을 선택하지만, 소주제에 따라 명확하게 분류하여 제시함으로써 전시부스별 선택이 아닌 분야별 선택을 할 수 있도록 조정한다. 그렇게 하면 그 분야 내에서 서로를 비교하고 자세히 체험할 기회가 많아진다. 사전 조사내용이나 기존 개최정보가 있는 경우 혼잡분야의 전시부스를 서로 분리하여 배치하고 소외분야 전시부스는 각각 장점을 부각하거나 주목도를 높임으로써 동선의 혼잡이나 소외를 예방할 수 있다.

다. 전시이벤트연출

상설전시는 대체로 기승전결의 전시 시나리오를 설정하여 전시 관람을 전개하는 경우가 많지만, 전시이벤트는 전시부스마다 서로 중요성을 경쟁하기 때문에 스토리에 따라 전체를 구성하기 어렵다.

개최자 관점에서 살펴보면 대기업의 독립부스는 전시의 성과와 대표성을 나타낸다. 그리고 각각의 섹터를 이루고 있는 중소기업의 기본부스들은 전시의 지속가능한 발전의 전망을 보여주고 전시내용을 풍부하게 만드는 역할을 한다.

1) 전시부스와 체험

각 전시부스에서 방문객에게 제공하는 체험의 방법은 다양하겠지만 몇 가지 양식을 생각해보면 다음과 같이 설명할 수 있다.

- 손으로 만지기: 모형을 만져 확인하거나 재질의 촉감 확인
- 매체 조작하기: 시제품, 신제품 등의 실물 조작, 실험, 상황 시나리오에 따른 체험 등
- 살펴보기: 영상으로 보기, 시연의 관찰, 설명패널 보기, 타 방문객 체험의 관찰
- 메시지 듣기: 도우미, 기술자의 설명 듣기, 강연 참석
- 비교하기: 부스 내 여러 상품의 품질, 외형, 조건 등의 비교
- 놀이: 경연, 퀴즈, 게임, 공연 등 엔터테인먼트로 전시 주제 체험

전시부스를 방문하는 과정을 주의 → 진입 → 체험 → 상담 → 퇴장의 장면으로 나누어 구성할 때 위에서 제시한 내용은 그중 체험장면을 연출하는 방법이라고 할 수 있다.

주의 과정의 장면연출을 위해서는 일반적으로 차별적인 외관 디자인을 고안하고 간판, 영상, 음향의 요소를 적절히 활용하여 방문객을 유인한다. 주의장면은 중장거리에서의 주목도를 고려하고 너무 자세한 정보를 전달하기보다 호기심을 유도하는 방향으로 구성한다. 그리고 주목도를 높이기 위해 핵심 요소를 눈높이보다 약간 높게 배치하고 원거리 시선을 고려하여 크기를 크게 한다.

진입장면은 안내원의 눈 맞춤과 자연스러운 환대 인사를 통해 전시부스 내부로의 진입을 유도하고 기본적인 전시정보와 부스 체험을 위한 정보를 제공한다. 입구에서 관람 미션을 제공함으로써 자연스럽게 전시체험을 유도할 수 있다.

체험장면은 체험목적을 기준으로 패널이나 영상 관람, 제품 시연, 직접조작(체험) 등 다양하게 적용할 수 있다. 체험은 제품, 서비스, 기술 등 제시하려는 전시의 주안점을 고려하여 방문객이 자발적으로 체험할 수 있도록 유도한다. 이때 체험장면 내에서는 다른 부스의 모습이나 정보 노출을 최대한 차단하고 준비한 내용을 집중하여 체험할 수 있도록 연출한다.

그리고 체험내용에 관심도가 높은 방문객을 선별하여 상담으로 안내한다. 상담이 이루어지는 공간은 2단계로 나누어 일반적 상담은 열린 공간에서 진행하고 중요도가 높은 방문객은 독립적 공간이나 별도의 장소에서 상담이 이루어질 수 있도록 한다. 상담공간에는 설명을 위한 자료와 패널, 서류 등을 적절히 배치하여 활용한다.

퇴장장면은 환송의 공간으로 기념품 등을 제공하고 환송 인사로 마무리한다. 퇴장장면은 방문객에 따라 상담장면 없이 체험장면에서 바로 이어질 수도 있다. 그러할 때는 특히 방문객이 소외감을 느끼며 떠나지 않도록 전담자를 배치하여 환송 인사와 가벼운 기념품으로 마무리한다. 부스의 방문객은 전시 종료 후에도 영업이나 사업상담으로 이어질 수 있으므로 명함을 수집하거나 전자 태그를 활용하여 기본적인 정보를 수집할 수 있도록 한다.

2) 전시이벤트연출의 제안

영화연출의 기법을 적용한 부스의 전체적 장면구성 방법을 하나의 예로 소개한다. 전시의 강조점이 무엇인지를 고려하여 장면을 연출한다는 것에 주의한다.

- 딥포커스: 조명과 그림자 또는 3차원 매체(장치, 구조물 등)를 활용하여 입체감을 느끼도록 구성하고 개방된 시야와 매체들의 시각적 연속성이 만드는 원근감을 사용하여 전체 장면을 조망할 수 있도록 사실감을 부여함. 각 소재의 선명도가 높아 전체 시나리오에 균등하게 접근할 수 있음
- 클로즈업: 색채와 재질의 대비를 활용하거나 과장된 형태를 활용하여 특정 매체를 강조한 구성으로 방문객의 주의집중이 필요한 장면에서 유효성이 높음. 특정 요소를 강조하는 차별적 장면연출에 용이함
- 디졸브: 투명한 재질을 이용하여 전시물을 교차시키거나 이질적 매체를 연결에 활용하여 연출함. 한 장면 안에서 매체들을 중첩함으로써 앞선 장면에서 다음 장면으로 연결하고 자연스러운 장면전환을 통해 강조점을 이동함
- 롱테이크: 연결된 이미지나 강제적인 동선을 활용하여 방향성을 주거나 전시물을 순차적으로 배열하거나 반복적으로 배치하여 연속성을 부여하고 몰입감을 높임. 스토리텔링에 기반하여 강조점을 완성함

- 핸드헬드: 다양한 기하학적 연결로 구성하거나, 공간 높이의 차이를 활용하여 자유로운 리듬감을 부각할 수 있음. 또한, 사선 방향의 교차적 구도를 활용하여 시각적으로 속도감을 부여하고 운동성을 높이며 다양한 요소의 개별적 개성을 강조하되 최종적 강조점에 도달하도록 연출함
- 몽타주: 경계 없는 자유로운 동선이나 유사 요소를 활용한 병치 또는 동선의 단절을 이용한 충돌 등 한 장면 안에 여러 가지 체험요소로 다양한 결합을 시도함. 개별 요소들의 이합집산을 통해 강조점들이 드러나도록 연출함

2. 회의이벤트

가. 회의이벤트의 개념

회의이벤트는 정보를 교류하거나 의사를 결정하고 친교를 하기 위하여 두 사람 이상 모이는 활동을 말한다. 회의는 공통의 관심사를 중심으로 사람들이 유대를 강화하고 교류의 폭을 넓힘으로써 바라는 바를 이루려는 열망을 담고 있다. 소박하게는 주요 연사나 연구자, 지도층, 동료와의 조우를 위해 회의에 참석한다.

회의에서 주요한 결정이나 합의의 도출도 이루어지는데 이는 회의의 내용에 기반하기보다는 사전 로비와 현장 교류의 결과로 결정되는 경우가 많다. 소규모 회의는 같거나 유사한 목적을 지닌 집단을 중심으로 이루어지고 협회들의 연합회의와 같은 대규모 회의나 국제회의는 다양한 이해를 지닌 여러 집단과 그 대표자들의 모임으로 이루어진다.

회의이벤트의 구성은 여러 회의프로그램 외에도 공식행사와 부대행사, 관광 등으로 이루어진다. 현장 운영의 관점에서 수송, 등록, 숙박, 케이터링 등도 회의의 목적을 달성하는 데 필요한 주요 구성 내용이다. 회의이벤트는 국제회의나 국가 간 공식회의에 가까울수록 각 연출장면에서 격식과 절차에 대한 주의가 필요하다.

분과 회의는 좌장(진행자), 발표자, 토론자 등이 주요 출연자로 참석한다. 국제회의와 같은 다자간 회의에서는 국가나 단체 등 각 집단의 대표자가 발표자이자 토론자로 역할을 하고 주최자는 좌장을 맡는다. 개막식은 사회자가 진행하고 기조연설자 등이 중요한 역할을 한다. 그리고 주최자의 환영사와 주요 인사의 격려사, 시상식 등을 포함한다. 의사결정을 위한 총회가 있는 경우는 규약에서 지정한 의장(회장 등)이나 주최자가 안건을 주재한다.

나. 회의이벤트 참가자 동선

국제회의 참가자는 공항 등의 개최지의 터미널에 도착하여 숙소로 이동하거나 회의장으로 이동한다. 회의장에 도착하면 회의참가 등록을 하고 행사에 대한 안내를 받는다. 개회식(전체회의, 총회 등)이 끝나면 분과별 회의에 참석한다. 회의 시작 전이나 사이사이에는 로비에 마련한 카나페 그리고 별도로 마련한 연회, 전시, 관광 등의 부대행사에 참석하고 교류한다.

다. 회의이벤트연출

참가자가 회의이벤트에서 만나는 주요한 첫 장면의 연출은 회의장 진입 게이트, 등록 데스크(접수대)와 회의장 입구에서 이루어진다. 자주 접하는 첫 장면을 떠올리면 행사장 입구나 주변에 회의의 타이틀 현판이나 현수막이 크게 걸려있고 등록 데스크와 출입구에 분주한 여러 스태프와 회의에 친숙한 몇몇 그룹의 참가자들이 있다. 그리고 섞이지 못하고 어리둥절한 참가자들의 모습도 찾을 수 있다.

서로 적대적인 관계에서도 회의는 공동의 합의를 지향하는 것이기에 회의는 연대와 어울림을 기반으로 개최한다. 연대와 어울림을 강화하기 위해서는 무엇보다 회의에 대한 결속력을 높일 필요가 있다. 참석하는 회의에서 친숙감과 동질감을 느낄 수 있고 환대받을 때 결속력이나 연대의식이 높아진다. 친숙한 절차와 익숙한 환경의 조성, 사회문화적 배려는 참가자의 안정감이나 편안함으로 연결된다. 그리고 그것을 기반으로 새로운 연출을 적당히 첨가하면 호기심을 발동시키고 변화의 활력을 부여할 수 있다.

따라서 회의 각 장면의 연출은 동질감과 친숙함을 느낄 수 있도록 기존의 상징적 이미지를 적극적으로 활용한다. 참가자가 이동 동선과 행사장에서 처음 만나는 이미지는 행사 엠블럼을 중심으로 만든다. 따라서 사전 마케팅 커뮤니케이션을 통해 그 이미지에 충분히 익숙해지도록 한다. 참가자가 이동 동선에서 행사의 이미지를 만났을 때 잘 찾아왔다는 안도감을 느낄 수 있도록 공항부터 행사장, 호텔까지 배너를 적절히 배치하고 안내 사인을 통일한다.

행사장 진입동선의 장면연출에서 딱딱하게 늘어선 등록 데스크보다 안내와 환영업무를 담당하는 스태프를 참가자가 쉽게 발견할 수 있도록 강조하여 배치한다. 그리고 사전등록 데스크와 현장등록 데스크를 명확히 구분하고 사전등록 데스크를 행사장 입구에 가깝게 배치하여 참가자 동선의 흐름이 섞이지 않고 원활하게 흐르도록 유도한다.

개막식에서는 기조연설을 포함한 여러 연설이 이루어지는데 만약 무대 중앙 앞에 연설자를 배치하여 강조한다면 연설자에 대한 중계 영상을 연설자의 뒤나 우측에 배치하여 확대 효과를 활용하는 것이 좋다. 만약 좌우에 영상디스플레이를 배치하였다면 객석에서 보아 좌측에는 자료화면 등의 설명 영상을 우측에는 중계 영상을 주로 배치하면 안정적 느낌을 줄 수 있다. 일반적으로 사람의 시선이 좌측에서 우측으로 이동하기 때문에 설명이 먼저 오고 인물을 지나 전체적 진행내용으로 마무리하는 구성이다.

무대배경의 행사명이나 메시지가 모든 객석 시선에서 연설자 등 무대 출연자에 의해 가리지 않도록 주의한다.

그리고 사회자가 객석에서 보아 좌측에 있다면 출연자는 우측에서 등장하고 우측에 자리해야 힘의 균형을 맞출 수 있다. 연설자를 강조하기 위해서는 등장 음악과 소개 영상, 사회자 설명, 등장 위치 등을 적절히 활용한다. 등장 후에는 기본적으로 배경과 영상의 내용을 연설자가 지배한다고 느낄 수 있도록 조정한다. 배경조명보다 연설자의 조명을 더 밝게 하여 연설자를 강조하고 설명을 위한 영상을 미리 준비하고 연설자의 신호에 따라 바뀌도록 한다.

3. 축제이벤트

가. 축제이벤트의 개념

축제이벤트는 선사시대부터 공동체의 주요한 행사로 이어오며 변천했다. 전통적인 축제는 공동체의 종교와 문화를 기반으로 하고 공동체의 모든 구성원이 그 연행에 참여함을 전제한다. 이러한 축제는 의식과 절차를 통해 공동체의 정신을 소환하여 정체성을 확인하고 공유하며 미래의 비전을 약속한다. 그리고 술과 음식을 나누어 먹고 가무와 놀이를 즐김으로써 공동체에 새로운 활력을 불어넣는다.

간단하게 정리하면 전통적인 축제는 영신(迎神), 오신(娛神), 송신(送神)의 과정으로 이루어져 있다. 전통축제를 연출할 때 주안점은 전통과 정통성을 강조하는 절차와 형식의 재현 그리고 그것에 대비한 난장의 실현이라고 할 수 있다. 더불어 모든 연행의 과정에 공동체의 구성원이 소외 없이 참여할 수 있도록 연출함으로써 축제 개최 의의를 달성한다.

오늘날에도 여러 지역에서 전통적 축제를 개최하고 있다. 다만 이러한 축제들이 추구했던 지역 공동체의 결속이나 전통의 계승 등 본래의 의의와는 멀어지고 있다. 이제 사회문화적 목적으로 축제를 개최하기보다는 지역을 외부에 마케팅하기 위한 경제적 수단으로 축제를 개최하려는 경우가 지배적이다.

지역을 마케팅함으로써 달성하고자 하는 목적은 지역에 필요한 자본과 사람을 유인하는 것이다. 따라서 축제를 통해 다른 지역 사람이 찾아오고 지역특산물 등을 판매함으로써 경제적 효과를 거둘 수 있는 방향으로 이어진다. 한편, 지자체의 정책적 성과를 홍보하고 과시하려는 정치적 목적으로 개최하기도 한다.

또 다른 현대적 축제들은 비전통적인 사회적 주제나 지역적 소재를 중심으로 개최하는 예가 많다. 소재에는 지역의 자연이나 특산물, 역사적 사건이나 인물이 자주 등장한다.[4] 때론 지역과 직접 관련 없는 예술공연이나 전시를 성공적으로 유치하여 지역브랜드로 성공시키기도 한다.

사회적 주제의 예로는 환경, LGBTQ 등 공통의 사회적 이슈나 특정 집단의 관심사를 중심으로 한다. 이런 축제들은 해당 주제나 소재의 넘침과 흐드러짐 그리고 다양한 체험과 관점의 결합을 지향한다. 다시 말하면 특정 주제가 넘치는 풍성한 잔치 그리고 그 놀이의 난상이라는 의미로 '축제'라는 용어를 사용한다. 이러한 축제들을 지역에서 수용하는 이유 역시 지역의 마케팅에 도움이 되기 때문이다.

나. 축제이벤트 참가자 동선

축제이벤트의 참가자 동선은 전시이벤트의 방문객 동선과 비슷하지만 좀 더 개방적이고 자유롭다. 따라서 참가자(군중)의 흐름을 잘 조정하기 위해서는 동선 구성을 더욱 치밀하고 다양하게 짜야 한다.

---

4) 여기서 언급한 역사적 사건이나 인물을 소재로 한 축제는 전통적 축제를 제외하고 관광이나 지역마케팅 목적으로 기획한 축제를 의미한다.

축제 참가자가 정해진 입구로 들어와서 계획한 동선에 따라 체험하고 퇴장한다고 기대하기는 거의 불가능하다. 하지만 참가자가 축제장에서 자유로운 동선으로 움직이는 것과 반대로 대부분은 들어온 곳으로 다시 돌아와 퇴장한다. 출입구가 정해진 유료형 축제에서도 체험은 대체로 자유로운 동선으로 진행한다. 다만 퍼레이드와 같은 통과형, 유료 프로그램, 선착순 관람이나 체험 등 그 위치나 시간을 특정하면 해당 프로그램에 참여할 수 없는 참가자와 참여하는 참가자 사이의 동선이 충돌하여 이동에 제약이 발생함에 주의한다.

축제의 주 출입구는 축제의 정체성을 드러내는 상징이나 메시지를 활용하여 연출한다. 많이 활용하는 연출방법은 아치나 현판을 세우는 것이고 상징 조형물이나 웰컴 파빌리온(pavilion)5)을 만들기도 한다. 출입구를 통과하는 것은 일상의 공간에서 비일상의 공간으로 진입하는 것을 의미하므로 참가자가 출입구를 통과할 때 그 변화를 체감할 수 있도록 연출한다. 입구에서 옷을 갈아입거나 덧입고 장신구를 착용하며 얼굴이나 몸에 그림을 그릴 수 있다. 팔목에 착용한 입장표식이나 목걸이도 그러한 목적의 일부로 활용할 수 있다.

무엇보다 중요한 것은 참가자가 축제장의 출입구를 넘어섰을 때 확실하게 비일상적인 시공간으로써의 변화를 감지할 수 있도록 하는 것이다. 그리고 이러한 변화를 확실히 느끼도록 하기 위해서는 기대감과 관여도를 높이는 사전 준비가 필요하다. 기대는 사전 홍

---

5) 파빌리온은 전시, 박람회 등 행사를 위해 지은 가설건물을 말하고 대체로 상징성을 지닌 독특한 형태로 짓는다. 때론 대형경기장이나 그 부속건물을 지칭하기도 한다.

보와 마케팅, 예전 경험을 바탕으로 이루어진다. 그리고 참가를 결심하고 방문하는 참가자의 기대에 부응하고 적극적인 참가를 준비할 수 있도록 접근 동선에 여러 메시지를 배치하여 활용할 수 있다.

참가자가 집에서 출발해서 행사장에 다가올수록 축제에 관련한 메시지가 증가하도록 배치한다. 특히 축제를 개최하는 지역에 진입할 때 가로 배너나 환영 현수막, 안내표지판을 등을 활용하여 축제장에 진입하는 분위기를 미리 조성한다. 접근 동선을 활용한 이러한 메시지 전달은 참가자의 기대는 물론 목적지에 제대로 도착했다는 안도감을 높인다.

다. 축제이벤트연출

축제이벤트를 연출할 때 주제와 유형은 물론 장소와 기간도 중요한 기준으로 작용한다. 주제는 축제 연출의 주요 개념과 형상을 도출하는 근거로 작용한다. 그리고 그 콘셉트에 따라 모든 디자인과 프로그램 구성의 방향을 결정한다. 축제의 유형을 주요 프로그램의 형식에 따라 구분하면 퍼레이드형, 공연형, 전시형, 체험형 등으로 나눌 수 있다.

퍼레이드형은 주요 프로그램이 행렬로 이루어지기에 모든 행렬이 끝나면 축제도 폐막에 이른다. 우리나라의 대표적인 퍼레이드형 축제는 '정조대왕 능행차'가 있다. 공연형은 음악, 무용, 영화 등 예술공연을 관람하거나 발표하는 축제를 말하고 '안산국제거리극축제'를 예로 들 수 있다. '평생학습축제'는 외형상 전시적 성격이 강하지만, 주요 프로그램은 발표공연을 중심으로 개최하는 경우가 많다.

전시형은 상품 등을 전시하고 판매하는 형태의 축제로 지역특산물을 마케팅하기 위한 지역축제는 대부분 여기에 속한다. 체험형 축제는 역사나 인물을 직접 체험하거나 체험교육을 목적으로 개최하는 축제로 '고령대가야체험축제', '시흥갯골축제' 등이 여기에 속한다.

1) 퍼레이드형 축제이벤트

퍼레이드형에서 행렬의 구성과 길이는 행사가 이루어지는 행렬 구간의 길이와 도로의 조건에 영향을 받는다. 행렬의 구성은 형식적인 관점에서 도보대열과 장식차량(float)으로 나눌 수 있다. 그리고 각 대열의 공연은 행진 중의 공연과 정지 중의 공연으로 구분할 수 있다. 단위대열의 진행 시간과 각 정지 지점은 선두에서 후미까지 전체 행렬의 크기와 움직임을 고려하여 정한다.

일반적으로 행렬의 움직임 속도는 성인의 평균 걸음걸이(4.5km/h)보다 느리고 정지 횟수와 시간이 늘어나면 그 속도는 더 느려진다. 많은 경우 행렬의 진행속도는 점점 빨라지는 경향이 있으므로 속도 조절에 주의한다. 각 대열의 속도변화는 통제요원을 배치하고 각 통과지점의 시간을 기준으로 조정한다.

퍼레이드의 연출장면은 각 대열을 기초단위로 구성한다. 전통적인 퍼레이드의 장면구성은 형식과 내용에 대한 고증뿐만 아니라 그 현대적 의미를 어떻게 전달할 것인가가 중요하다. 그리고 전통의 재현에서 부족하기 쉬운 재미와 참여요소는 부대행사를 활용하여 강화한다.

퍼레이드의 진행을 관람하기 위한 좌석 시설을 설치하지 않는 대부분은 관람하는 앞사람에 의해 뒷사람의 시선이 가려진다. 따라서 행렬의 전체모습을 모든 방문객이 제대로 관람하기가 어렵다. 행렬과 관람객 사이의 간격을 가능한 한 넓히면 충분하지는 않아도 좀 더 많은 관람객이 전체 장면을 보는 데 다소 도움을 준다. 또 다른 방법으로는 장식차량을 활용하여 시선의 각도를 높임으로써 보다 많은 관람객이 행렬의 전체 장면을 좀 더 쉽게 볼 수 있게 할 수 있다.

전통적 형식을 따르는 경우를 제외한 현대적 퍼레이드에서 하나의 대열은 대체로 10분에서 15분 이내로 반복하는 장면구성으로 연출한다. 정지 공연은 그 안에서 3분에서 5분 정도를 차지한다. 도보 속도를 기준으로 하나의 장면으로 이동할 수 있는 거리는 짧게는 300m에서 길게는 600m 정도로 이어진다. 따라서 각 대열이 3, 4번 공연을 진행한다면 전체 퍼레이드 구간은 짧게는 1km에서 길게는 2km 정도의 길이라고 할 수 있다. 각 대열의 길이와 전체 길이에 따라 각 대열의 정지 구간이 다를 수 있다.

각 대열의 길이는 15m에서 20m 정도를 넘지 않아야 관람객 머릿속에서 전체적인 하나의 이미지나 장면으로 인식하기 쉽다. 대열 간에는 7m 이상 10m 이내의 간격을 유지하여 서로를 구분할 수 있도록 한다. 만약 10팀의 대열로 그렇게 퍼레이드를 구성한다면 전체 길이는 대략 200m가 된다. 그리고 15분 공연으로 300m를 이동하도록 각 장면을 구성했다면 마지막 대열의 공연이 끝나기까지 필요한 최소한의 전체 공연시간은 25분이다. 다시 말하면 10팀의 퍼레이드 공연을 300m 구간의 길이에서 25분 동안 진행했을 때 모든 팀의 공연을 한 번 완성할 수 있다. 넉넉하게 1.5km에서 4회 공연한다면 약 2시간 정도의 퍼레이드를 연출할 수 있다.

한 대열의 구성은 선도자, 플로트(장식차량) 그리고 무희들로 이루어진 순서를 기본으로 하여 변형한다. 그리고 대열마다 공연을 위한 주제음악을 정하고 장식차량에서 음향을 송출하거나 연주자가 반복하여 연주한다. 전체 퍼레이드 구간에 스피커를 설치할 수 있다면 각 대열이 통과할 때마다 무선으로 동조하여 주제음악을 송출할 수 있는 다채널 음향장치를 활용한다.

선도자는 기수나 캐릭터를 활용하여 각 팀을 상징할 수 있고 통제요원의 유도에 따라 대열 전체의 진행속도를 조절하는 임무를 맡는다. 플로트 운전자는 통제요원의 지시와 선도자의 움직임에 주의하여 진행한다. 플로트에는 무희나 캐릭터가 함께 탑승하여 공연할 수 있고 플로트에 기계장치를 하여 애니메이션(동작)을 표현할 수도 있다. 플로트 뒤나 앞에는 여러 무희나 연기자들이 함께 행진하며 대열의 주제를 표현하고 흥을 돋운다.

2) 공연형 축제이벤트

공연형 축제이벤트는 공연장이나 가설무대, 거리나 마당을 무대로 개최한다. 기본적인 주제나 방향을 설정하여 공연형 축제를 진행하고 각 공연프로그램은 해당 주제를 중심으로 모인 것이지만 각 공연의 연출은 자유롭게 이루어지기에 전체적인 통일성을 확보하기는 쉽지 않다. 공연형 축제는 주제공연이나 대표공연을 중심으로 유사한 장르나 서로 관련 있는 공연들을 중심으로 구성한다. 그리

고 흥미와 참여를 높이기 위한 보조 프로그램, 축제를 여닫는 공식
행사, 학술행사 등 관련 부대행사로 구성한다. 좋은 주제의 설정과
좋은 변주의 조화는 축제를 성공으로 이끌지만 좋은 주제를 고르는
것보다 좋은 변주를 찾기가 더 어렵다.

그리고 공연형 축제는 여러 무대의 활용과 상호 간섭을 줄이기
위해 일반적으로 개최지를 넓게 활용한다. 따라서 각 공연장소는
물론 이어지는 동선을 포함하여 하나의 축제공간으로 인식할 수 있
도록 연출하는 세심함이 필요하다. 축제의 대표 이미지를 지속해서
연출하고 강화하며 성공적으로 개최하기 위해서는 좋은 공연을 선
정하거나 제작하는 것이 우선하여 필요하지만, 그 배치에도 세심한
주의가 필요하다. 특히 주요 공연들이 시간적 배치와 장소의 배치
에서 서로 충돌하지 않도록 주의하고 참가자의 이동시간과 휴식시
간도 고려하여 배치한다. 공연형 축제를 찾는 참가자의 이동은 프
로그램의 지명도와 내용의 흥미와 흥행에 따라 움직인다.

공연형 축제에 대한 이미지는 참가자가 관람한 주요 프로그램의
품질이나 유형, 공연의 참신성, 전체적 디자인과 서비스 등에 영향
을 받는다. 따라서 축제의 성격에 어울리는 공연을 무대에 올리는
것과 더불어 축제의 일관된 이미지를 전달하기 위한 디자인 애플리
케이션 개발이 필요하다. 위에서 언급하였듯이 예상할 수 있는 참
가자의 이동 동선을 중심으로 디자인을 통일하고 축제공간의 독특
한 이미지를 창출한다. 그리고 추천하는 동선을 중심으로 부대행사
와 휴식공간을 일관된 이미지로 배치함으로써 축제공간의 연결성
을 부여하고 재미와 만족도를 높일 수 있다.

공연형 축제는 대중적 참가도 많지만 주로 마니아의 호응도가 높다. 따라서 다른 유형의 축제보다 참가자의 체류 시간이 길고 전체기간 내내 참여하는 참가자도 많다. 마니아 특성의 참가자는 관여도가 높아서 중심경로의 관점에서 충분하고 깊이 있는 정보를 제공할수록 참여도와 구전효과가 높다. 예를 들어 모바일 애플리케이션을 정보제공과 체험몰입을 위한 유용한 도구로 활용할 수 있다. 또한, 공연 제작의 참여나 기금 모집, 공연자와의 만남과 같은 적극적인 참여기회를 제공하면 축제참여의 만족도와 충성도를 높일 수 있다. 그리고 공연형 축제는 관람 장소가 흩어진 경우가 많아 참가자들에게 팔찌나 버튼 등 다양한 소품을 활용하여 비일상성을 드러내고 소속감을 부여함으로써 기대와 만족을 높일 수 있다. 참가 상황을 고려한 여러 관람코스의 추천도 효과적이다.

3) 전시형 축제이벤트

지역에서 많은 축제를 전시형 축제이벤트로 개최하고 있다. 그이유는 지역을 마케팅하는 수단으로 축제를 활용하고 그중에서도특산물을 중심으로 개최하는 예가 많기 때문이다. 제목에 특산물의명칭을 붙이지는 않는 축제에서도 실제로는 특산물 판매가 주요 활동인 경우가 많다. 전시형 축제에서 전시자는 전시하는 주요 지역특산물이 매력적으로 돋보이길 원한다. 따라서 전시형 축제는 지역특산물을 생산하는 업체들이 생산상품을 효과적으로 전시하고 판매할 수 있도록 자리를 구성하고 공연이나 체험프로그램으로 흥을돋운다.

　많은 전시형 축제에서 지역의 대표품목을 앞세워 홍보한다. 나아가 그 상품의 판매를 돕거나 보조하고 대체할 수 있는 상품 또는 그밖의 지역생산품에도 눈길이 갈 수 있도록 축제 장소를 구획하고각 참가업체의 부스를 배치한다. 이러한 축제는 전시를 통한 현장판매와 함께 계속 방문하는 단골손님의 확보 그리고 지역 브랜딩을주목적으로 개최한다. 그리고 지자체장의 업적 과시나 정책 유지등의 정치적 목적도 개입한다.

　전시형 축제는 다른 축제에 비해 참가자의 체류 시간이 짧은 편이다. 따라서 체류 시간을 늘리기 위해서 여러 흥미 요소와 체험요소를 배치한다. 짧은 체류 시간이라는 관점을 적용하면 전시형 축제에서 가장 많이 빗나간 연출방법은 개막부터 폐막까지의 전체 일정을 하나의 이야기로 구성하는 것이다. 스토리텔링은 축제의 브랜드화를 쉽게 하고 전체적 의미와 프로그램에 생기를 부여한다는 시각에서는 타당하다. 그렇지만 길어야 4~5시간 정도 머무는 참가자를 위해서는 그 체류 시간 안에서 일련의 체험을 완성할 수 있도록구성하는 것이 좋다. 축제 탐험을 3일간으로 구성하여도 그것을 실행할 수 있는 참가자는 극소수이고 다음 축제의 재참가도 아쉬움보다는 만족한 체험에 대한 기억이 유인요인으로 작용한다.

　날짜보다는 장소를 기준으로 스토리텔링(zoning)을 하고 방문객이과업(미션)을 수행하듯 행사장을 돌아볼 수 있도록 구성한다. 여러체험 코스를 만드는 것 그리고 전야제부터 폐막하는 날까지 개최기간 전체로 이어지는 스토리를 구성하는 것은 참가자에게 선택의기회를 늘릴 수 있고 집객의 분산이나 재방문에도 좋다. 그렇지만 제한된 예산의 효율성과 체류 시간을 고려할 때 핵심 프로그램의 품질을 높이는 것이 더 중요한 우선 과제이다.

축제의 참가자를 여러 부류로 나눌 수 있겠지만 가장 크게 나누는 방법으로 지역민과 방문객으로 구분할 수 있다. 지역민은 직접 참가자뿐만 아니라 축제와 간접적으로 관련된 지역민도 많다. 그리고 현재의 축제와는 관련 없지만, 기회만 있다면 언제라도 참여할 수 있는 지역민도 많다. 따라서 지역민을 위해서는 직접 참여할 기회를 제공하고 문화 향수 기회를 확대하기 위한 다양한 프로그램의 구성이 필요하다.

반면 방문객은 축제의 핵심적인 프로그램을 체험하기 위해서 방문한다. 축제는 첫 방문자가 대다수를 차지하고 자주 방문하는 참가자도 역시 핵심 프로그램을 체험하기 위해 오는 경우가 대부분이다. 방문객의 처지에서는 핵심적인 프로그램을 어떻게 효과적으로 체험할 수 있는지가 중요하다. 다만 축제에 참여하는 주된 이유가 축제의 주제와 직접 상관없고 축제장에 설치한 물놀이장이나 주변 경관이라든지 다른 유인요인이나 심리적 동기(추구요인)[6]에 따를 수 있다는 것에도 주의할 필요가 있다.

전시형 축제장에서 가장 먼저 만나는 연출장면은 주제를 잘 표현한 주 출입구와 환영안내부스(웰컴센터)를 예시할 수 있다. 이 환영 공간에서 참가자가 비일상의 복식이나 치장으로 바꾸어 입고 축제

---

6) 내재적 동기는 관광객이 심리적인 요인에 따라 목적지를 방문하는 것을 설명하고 외재적 동기는 관광지의 매력물에 따라 방문하는 것을 설명한다. 내재적 동기는 사교, 가족 화합, 휴식, 일탈, 지식추구, 과시 등의 추구요인으로 구성되고 외재적 동기는 지역문화, 오락, 고유성, 경제성 등의 유인요인으로 구성된다.

장으로 들어갈 수 있도록 연출한다. 가볍고 흥겹게 시작하는 환영 공간의 주제연출은 축제의 정서적 분위기를 조성하고 다가올 축제 체험의 기대감을 높인다. 장면의 구성은 전시 주제를 중심으로 연출한다.

전시는 몇 개의 부주제로 나누어 배치하고 최종적으로 핵심주제에 참여할 수 있도록 동선을 유도한다. 핵심주제를 먼저 체험하면 다른 프로그램에 대한 흥미를 쉽게 잃을 수 있다. 각 전시 주제 사이에는 휴식, 오락, 놀이, 공연 요소들을 배치하여 전시의 성격을 구분하고 다음 동선의 전시체험을 준비할 수 있도록 배치한다. 만약 음식을 주제로 한 축제라면 클라이막스 장면은 주제 음식과 요리체험, 술과 음악의 공연이 흐드러진 난장을 예로 들 수 있다.

4) 체험형 축제이벤트

모든 이벤트는 참가자에게 체험을 제공하기 위해 이루어진다. 그리고 그 체험이 무엇인지(형식과 목적)에 따라 이벤트 유형을 구분할 수 있다. 그런 의미에서는 체험형 축제이벤트라는 구분이 모호할 수 있다. 그리고 여러 유형의 축제에서 체험요소는 개최목적을 지원하거나 흥미를 돕는 프로그램으로 많이 활용한다. 그러므로 여기서 체험형 축제는 프로그램 내용을 참가자가 몸소 체험함으로써 개최목적을 완성하는 것에 한정한다.

예를 들어 환경축제에 참여한 참가자들은 여러 프로그램을 체험함으로써 기존에 지녔던 환경 인식을 새롭게 하거나 발전시키고 개최지역의 환경적 가치도 긍정적 방향으로 인식함으로써 목적을 완성한다. 역사축제에 참여한 참가자들은 역사나 인물에 대해 구체적으로 체험함으로써 역사적 사실을 현재와 연결하여 새롭게 인식하고 개최지에 대해 깊이 있게 이해하며 긍정적 애착을 형성한다. 따라서 체험형 축제를 성공적으로 개최하면 참가자는 체험과 추억을 통해 지역과 특별하고 긍정적인 정서적 유대를 형성할 수 있다. 지역민을 중심으로 개최한다면 그 유대는 더욱 깊어지고 확장된다.

체험형 축제의 연출은 다양한 체험의 나열보다는 핵심 체험에 집중할 때 효과적이다. 핵심적 체험은 단일한 프로그램으로 구성할 수 있지만, 몇 단계로 나누거나 이야기를 전개하는 스토리텔링으로 구성할 수 있다. 또 다른 방법은 참가자의 특성에 따라 몇 그룹의 프로그램으로 체험내용을 나누어 구성할 수도 있다. 그리고 프로그램 체험에 대한 관여도와 몰입도를 높이기 위해 사전 모집이나 예선과 같은 방법을 활용할 수 있다. 덧붙여서 추억의 지속성과 구전을 위한 체험 후기공모, 체험동아리나 후원회 모집도 생각할 수 있다.

체험형 축제의 연출장면은 참가자를 그 장면 안에 포함함으로써 완성할 수 있다. 만약 역사를 재현하는 축제라면 참가자는 즉석에서 백성이 되어 행렬이나 재현 프로그램에 참여할 수 있고 사전 공모와 경쟁을 통해 행렬의 주인공으로 선정되거나 특별한 역할을 맡을 수도 있다. 단순하게는 역사적 전쟁장면의 양편 소리꾼으로 참여하여 함성을 지를 수도 있다. 복식을 다 갖추면 좋지만 서로 식별할 수 있는 상징적 표식만으로도 효과를 거둘 수 있다.

갯벌 생태체험이 핵심 프로그램이라면 참가자들이 한 장소에 몰리지 않고 바닷가 전체에 멋지게 펼쳐진 장면을 생각할 수 있다. 그 장면을 연출하기 위해서는 갯벌생태도우미를 적당한 간격으로 배치하고 안내함으로써 참가자의 분산을 유도할 수 있다. 그리고 각 도우미 포스트에 장대 깃발 등을 세워 축제 분위기를 돋우고 안전을 위한 표식으로도 활용할 수 있다.

체험형 축제의 각 장면은 참가자의 활동을 중심으로 한다. 따라서 참가자의 특성과 동선 흐름을 잘 반영하여 연출한다. 핵심 체험에 참여할 수 있는 인원수에 제한이 있을 때는 많은 참가자가 참여 경험을 획득하고 공유할 수 있도록 단계적 경쟁을 활용한다. 그리고 탈락자들이 끝까지 흥미를 유지할 수 있도록 패자부활이나 행운 추첨 등을 도입한다. 뛰어난 실력으로 우승하는 것이 아니라 누구라도 좋은 기회가 있다면 우승할 수 있어야 참여도를 높일 수 있다. 그리고 경연으로 제공하는 핵심 체험은 모두가 쉽게 관람할 수 있도록 장면을 개방하고 함께 참여함으로써 절정의 분위기에 이르도록 연출한다. 최종 체험자와 관람객이 서로 연결 관계가 없더라도 현장에서 임의로 팀을 나누고 일시적 소속감을 부여함으로써 응원을 유도하면 대동의 분위기를 조성하기 쉽다.

4. 기업이벤트

가. 기업이벤트의 개념

기업이벤트는 일반적으로 기업의 이익 창출을 도모하는 마케팅 목적으로 개최한다. 기업 마케팅의 전개는 외부의 고객이 대상이거나 내부의 조직을 대상으로 할 수 있다. 외부의 고객을 목표대상으로 할 때는 판매촉진(SP, sales promotion) 활동의 관점에서 접근하고 내부조직을 목표로 할 때는 동기부여(incentives)의 관점에서 접근한다. 그 어느 쪽이든 기업 활동을 북돋우고 확대하려는 목적을 지닌다.

고객을 대상으로 개최하는 이벤트는 매출과 이익을 증대하기 위한 판촉이벤트 외에도 기업에 대한 호의적 이미지를 형성하기 위한 PR이벤트가 있다. 대표적인 판촉이벤트에는 거리나 매장에서 전개하는 이벤트가 있다. 그리고 신상품을 소개하기 위한 출시이벤트(Launching Event)가 있다. 출시이벤트는 내부의 판매조직을 대상으로 진행하기도 한다. 판촉이벤트는 대상에게 브랜드 인지도와 긍정성 높이고 제품에 대한 체험을 전달함으로써 직접 매출을 높이는 것이 주요 목적이다. PR이벤트는 개별 상품보다는 기업의 통합적 이미지 홍보를 중심으로 전개한다. 기업이벤트의 성과는 접촉고객 수, 접촉빈도, 이미지 변화 등으로 측정한다.

내부조직을 대상으로 사기를 북돋우고 조직력을 강화하는 동기부여이벤트는 동기부여관광(incentives)이 대표적이다. 포상관광으로도 일컫는 동기부여관광은 업무 의욕을 높이고 조직결속력을 다지

고자 개최한다. 관광이라는 용어의 사용은 근무지 주변이 아닌 원
거리의 휴양지나 관광지 등에서 기업이벤트를 개최하기 때문이다.
해외 등 이렇게 특별한 곳으로 이동하는 관광은 동기부여이벤트를
더욱 특별하게 만들고 참가직원의 사기를 북돋우며 업무 동력을 강
화한다. 주요 프로그램은 시상, 연회, 공연, 오락, 관광 등으로 구성
한다.

그 밖에 동기부여로 개최하는 기업이벤트 형식에는 별도의 행
사로 개최하는 체육대회, 경연대회, 시상식 등이 있다. 이 경우 대부
분 축하 공연, 연회, 오락 등의 프로그램을 포함하여 개최한다. 체육
대회는 내부직원만을 대상으로 하거나 가족, 협력업체 등으로 확장
할 수 있다. 경연대회나 시상식도 그 대상을 다양하게 구성할 수 있
다. 경연대회는 제품 아이디어 발굴이나 개선, 작업공정이나 근무
환경 개선 등은 물론 공익적 목적을 표방할 수도 있다.

나. 기업이벤트 참가자 동선

거리나 매장에서 열리는 판촉이벤트에서 무작위로 참여하는 참
가자의 동선은 통제하기 어렵다. 따라서 일정한 흐름을 유지할 수
있도록 동선계획을 수립한다. 처음에 고려할 사항은 이벤트 참여의
시작지점을 정하는 것이다. 그 지점으로부터 순차적인 진행에 따라
체험을 종료하도록 이끈다. 시작점과 종료점은 행사장 주변의 일상
적인 인구의 유동 상황을 미리 조사하여 흐름이 자연스럽도록 지정
한다.

판촉이벤트는 유동인구가 많은 곳에서 개최하기 때문에 구경꾼

이나 관람객이 도로나 통로 등을 점유함으로써 일상적인 흐름을 막아 법적인 문제나 충돌이 발생하지 않도록 주의한다. 반면 일상적인 동선에서 벗어난 곳에 마련한 참가자 동선은 대중이 참가를 망설이지 않도록 유도 사인 설치나 유인 프로그램을 운영해야 한다. 시간이나 요일에 따른 유동인구의 수나 흐름의 변화도 고려한다. 그리고 주변에 다른 이벤트나 고려할 상황이 없는지 미리 살핀다. 참가자를 사전 모집할 수도 있지만, 거리참가자의 불만을 초래할 수 있다. 그 밖에 게릴라이벤트나 플래시 몹처럼 공연형식의 광고형 판촉이벤트도 활용할 수 있다.

동기부여이벤트 동선에서 만나는 장면연출의 주안점은 시간적으로도 공간적으로도 참가자 동선이 주변의 다른 동선보다 우선한다는 것이다. 다시 말하면 참가자가 뽐낼 수 있도록 우대와 과시의 관점에서 동선을 구성한다. 이는 동기부여이벤트가 참가자의 성과를 격려하고 미래의 발전을 도모하며 조직의 화합을 추구하는 것이기에 동선에서도 참가자에 대한 존중감을 느낄 수 있도록 함을 의미한다.

참가자 동선의 흐름은 격식을 갖춘 안내자와 친절한 표식에 따라 움직이고 그 길은 특별하게 꾸민다. 비밀을 요구하는 서프라이즈 요소가 아니라면 특별하게 디자인한 동선 전체모습을 참가자가 미리 조망하거나 사전에 알 수 있도록 배치함으로써 긍정적 강화를 유도한다. 길게 뻗은 레드카펫이 제공하는 설렘과 떨림을 그 하나의 예로 들 수 있다.

다. 기업이벤트연출

1) 판촉이벤트

판촉이벤트는 제품 체험을 통해 브랜드의 긍정적 이미지를 전달함으로써 기업의 매출을 증대하는 것을 목표한다. 제품을 직접 체험할 기회를 제공하고 전파하는 것이 물론 중요하지만 그럴 수 없는 상황에서도 참가자에게 브랜드의 긍정적 이미지를 각인할 수 있는 장면을 연출한다. 따라서 판촉이벤트의 전체적 장면은 브랜드(상품)이미지를 전달하고 구체적인 브랜드(상품)체험으로 연결될 수 있도록 연출한다. 게릴라식으로 브랜드를 노출하고 플래시 몹으로 주의를 끄는 판촉이벤트도 많지만, 그러한 연출은 거리공연과 유사하므로 여기서는 생략한다. 다만 장소와 시간을 고려하여 대상과의 접점을 찾는 것이 중요한 연출 방향임을 강조한다.

판촉이벤트의 개최 장면은 먼저 참가자를 유인할 수 있도록 구성한다. 그리고 참가자들이 몰려드는 상황에서 참가자들의 참여 모습이 브랜드이미지를 강화하고 완성하며 떠받칠 수 있도록 한다. 장면의 연결은 브랜드체험을 기다리는 설렘, 브랜드를 체험하는 즐거움, 그리고 브랜드체험 후의 보상과 성취감이 드러나도록 연출한다.

보상을 받지 못하거나 기대에 미치지 못할 때 설렘은 쉽게 부정적 반감으로 전환될 수 있으므로 주의한다. 특히 대기시간이 길어지지 않도록 주의한다. 길어지는 대기시간은 체험이나 역할을 도입함으로써 극복할 수 있다. 예를 들어 체험동의서를 작성하거나 체험 위치나 순서를 정하기 위한 게임 등의 크고 작은 여러 수단을 활용할 수 있다. 브랜드이미지를 적용한 캐릭터의 유희나 오락의 활용도 대기시간 연장에 도움을 주고 주목도를 높일 수 있다.

판촉이벤트연출에서 장면구성의 지향점은 해당 상품의 특성과 마케팅 목표에 따라 달라진다. 가치측정을 기반으로 한 수단-목적 사슬(Means-End Chain)에 따르면 판촉 메시지 전달의 중심을 제품속성, 기대편익, 달성가치의 3단계로 나누어 생각할 수 있다. 비교적 저렴하고 관여도가 낮은 상품일수록 제품속성을 체험하는 판촉 활동이 효과적이고 고가의 관여도가 높은 제품일수록 달성가치에 기반한 판촉 활동을 고려할 수 있다.

제품속성을 중심으로 한 판촉이벤트의 장면은 제품이 전면에 등장하고 직접 사용함으로써 제품에 대한 감각적 기억을 남길 수 있도록 구성한다. 달성가치를 고려한 판촉이벤트의 장면은 상품 자체보다 상품을 사용하는 소비의 환경조성에 초점을 맞추어 이벤트를 구성한다. 즉, 제품사용을 통해 얻고자 하는 소비자의 가치 달성의 상황을 연출한다. 소비가 이루어지는 환경에 주목한다는 것은 제품에 대한 지식보다 소비자가 추구하는 가치와 그 구성내용에 더 주목하는 것을 의미한다.

시음, 시식, 시용 등을 이용한 판촉이벤트는 제품속성 중심의 접근이라고 할 수 있다. 이러한 판촉이벤트는 제품과 제품의 포장 등 구체적 속성을 체험하고 인지도를 높일 수 있도록 한다. 그리고 판촉이벤트 중 달성가치를 고려한 프로그램은 VIP 라운지 운영을 예로 들 수 있다. VIP 라운지에서 제공하는 고급 서비스의 환경조성과 판촉하고자 하는 제품을 자연스럽게 연결한다. VIP 라운지에서 고객이 제품을 직접 사용하면 좋겠지만 그렇지 않더라도 라운지의 전체적인 서비스와 브랜드이미지를 자연스럽게 연결할 수 있도록 장면을 연출한다.

그 밖의 달성가치 추구의 예로는 공익행사의 후원 등의 PR이벤트를 생각할 수 있는데 이럴 때 제품이나 브랜드이미지가 뒤로 밀려나 부수적인 것으로 취급받는 일이 없도록 주의한다. 브랜드이미지를 필수적인 요소로 활용하기 어려운 공익행사라면 행사와는 다소 독립적으로 보이더라도 브랜드이미지를 높일 수 있는 주도적인 위치를 확보하고 별도의 판촉이벤트를 진행할 수 있도록 조율한다.

2) 동기부여이벤트

직원들의 사기를 북돋우고 조직의 결속력을 다지기 위해서 개최하는 동기부여이벤트연출에서 가장 자주 범하는 실수는 주인공이 될 만한 특정 인물을 중심으로 장면을 구성하는 것이다. 특히 회사 대표의 등장 장면을 가장 핵심적인 장면으로 연출하고 직원의 지위를 낮춤으로써 본래의 목적을 상실하는 예를 더러 찾아볼 수 있다. 그리고 수상자 몇 명만을 위한 장면연출도 유사하게 위화감을 조성할 수 있다. 동기부여이벤트의 연출에서 기본적인 전제는 해당 기업의 일원인 것에 자부심을 느낄 수 있도록 하는 것, 그리고 각 직원의 노력이 모여 이룬 전체적 성과를 축하하는 것이다.

동기부여이벤트는 참석자 각자가 VIP임을 느낄 수 있도록 모든 장면을 연출하고 최상의 서비스를 제공한다. 참가자의 동선과 개최지, 그리고 행사장에서 해당 기업의 핵심 이미지를 활용하여 장면을 연결하고 주변과 비교하여 가장 돋보이게 연출한다. 그리고 대표 이미지를 활용하여 그 기업이(때론 대표를 내세워) 참가자 개인을 특별히 초대하고 최상의 환대를 제공하는 것으로 연출한다. 또한, 참가자가 자부심을 스스로 드러낼 수 있도록 각 장면을 당당한 모습으로 과시한다.

참가자의 시선에서 장면을 연출한다. 가령 시상식장을 연출한다고 예를 들어본다. 레드카펫이 시작하는 행사장 입구 아치(게이트)에 참가자 차량이 도착하면 격식을 갖춘 안내자(도어맨) 또는 호스트(host)가 차 문을 열어 참가자를 환영한다. 화려한 조명과 음악 속에 하차하면 사방에서 카메라 플래시가 터지고 레드카펫을 따라 행사장으로 에스코트한다. 행사장으로 들어서기 직전 포토월(촬영대)에서 모양을 뽐내며 사진과 영상을 촬영하고 축하와 질문 공세가 쏟아진다. 행사장으로 들어서면 로비에서 계절 특선 카나페와 음료를 제공하고 자유롭게 간단한 놀이를 즐길 수 있다. 참가자는 활동 영상과 추억의 사진 등을 자유롭게 관람하고 담소한다. 로비의 영상을 통해 행사중계를 실시간으로 볼 수 있다.

세부적인 장식과 디자인도 중요하다. 예를 들면 레드카펫 좌우에 회사 로고를 새겨 레이스처럼 붙이고 입구 아치나 차단봉에는 꽃장식을 한다. 그리고 회사의 로고가 새겨진 냅킨, 식기, 식탁보, 소품 등을 사용할 수 있고 각 참가자의 이름도 좌석이나 개인 소품에 새겨 특별함을 더한다. 전체적인 환경디자인은 물론 복장이나 소품의 색상과 모양을 회사 대표 이미지와 세련되게 통일하는 것이 필요하다. 다시 말하면 회사가 참가자를 위해 행사를 준비하고, 환영하고,

서비스하고, 지지하고 있음을 표현하는 것이다.

동기부여이벤트의 주 프로그램 장면을 연출할 때 앞에서 언급한 것처럼 회사 대표가 최고의 주인공으로 출현하는 것은 곤란하다. 대표자는 말 그대로 회사의 대표이기에 호스트의 권위와 격식을 갖추어 표현하면 충분하다. 어디까지나 동기부여이벤트의 주인공은 한 명 한 명의 참가자들이기 때문이다. 동기부여이벤트를 연출하고 운영하기 어려운 점도 바로 여기에 있다. 모두가 돋보인다는 말은 아무도 특별하지 않다는 말을 의미하기에 개별적으로 간직할 수 있는 특별함과 감동을 만들어야 한다. 그리고 참가자들의 연대와 결속도 중요하다.

한편, 조직의 화합을 우선하는 동기부여이벤트는 각 개인의 성과와 경험을 드러내는 경우보다 연출이 다소 쉬울 수 있다. 또한, 동기부여이벤트에서는 모두가 VIP이기에 동선상에서 단 한 명에 대한 작은 실수가 전체적인 불만족과 실패로 연결될 수도 있다. 따라서 다른 경우에도 유사하겠지만 실수가 발생했을 때는, 즉각적으로 책임 있는 사과와 필요한 조처를 하고 보상이나 마무리가 확실하게 이루어지도록 끝까지 확인하고 평가하는 것이 중요하다.

5. 스포츠이벤트

가. 스포츠이벤트의 개념

스포츠이벤트는 크게 스포츠관람이벤트와 스포츠참가이벤트로 나눌 수 있다. 스포츠관람이벤트는 경기장 관람뿐만 아니라 미디어를 통한 관람으로도 이어진다. 프로스포츠는 방송중계를 관람하는 숫자가 더 많고 이는 기업의 스폰서십 결정에 큰 의미를 지닌다. 반면, 스포츠참가이벤트는 참가자가 직접 스포츠를 겨루거나 즐기는 유형이다. 아마추어 경기도 관람이 이루어지지만, 관람보다는 경기의 직접적인 참가에 더 큰 의미를 찾는다. 그리고 소속팀이나 가족 지인에 대한 응원에 관심을 둔다.

스포츠참가이벤트를 나누어 보면 참가자의 신체적 기량이나 노력을 뽐내고 즐기려 개최하는 것이 하나이고 다른 하나는 참가자 집단의 화합을 도모하고 사기를 앙양하기 위해서 개최한다. 전자는 스포츠 참가 통해 직접적 효익을 추구한다. 그리고 강습이나 교육적 목적의 스포츠 참가도 포함한다. 후자는 정치적 목적이나 기업의 동기부여 목적으로 개최하는 경우가 많다.

화합이나 사기 앙양의 스포츠이벤트에서도 각 개인은 주최자가 추구하는 목적과 상관없이 뽐내고 즐기는 목적을 추구하여 참가할 수도 있다. 사내 체육대회에 참가하는 개인의 관점에서는 집단의 목적에 동조하는 정도가 개인적 목적의 추구보다 더 클 수 있고 지자체의 체육대회에 참가한다면 개인적 목적이 더 클 수 있다. 이는

집단의 결속력 정도나 참가자 간의 접촉 수준의 차이에서 발생한다
고 할 수 있다.

대표적인 스포츠이벤트인 올림픽은 현대 이벤트의 태동에서부터
중요한 자리를 차지하고 있다. 전 세계적 규모의 메가이벤트인 올
림픽은 기본적으로 관람을 위한 스포츠이벤트라고 할 수 있다. 그
렇지만 올림픽 경기로부터 파생하는 다수의 이벤트를 고려하면 종
합적 이벤트라고도 할 수 있다. 준비과정과 개최과정에서 이루어지
는 다수의 회의와 컨벤션, 전시, 판촉행사, 문화행사, 기업행사 등
그 모두를 올림픽에 포함된 프로그램이라고 단순하게 정리하기는
어렵다. 아예 각각의 프로그램을 독립적인 이벤트로 운영하는 예도
많다. 그 외에도 대규모 스포츠이벤트에는 아시안게임, 커먼웰스게
임, 그리고 각 종목의 월드컵 경기나 선수권대회 등이 있다.

스포츠이벤트는 규모와 유형이 너무 다양해서 대표적인 연출방
법을 제시하기가 쉽지 않다. 예를 들어 스포츠이벤트를 육상, 해양,
항공으로 구분해보면 그 기본적인 접근 방법이 서로 전혀 다를 수
밖에 없다. 그리고 각 종목의 특성을 이해하지 않고서는 그 이벤트
에 적절한 장면을 연출하기도 어렵다. 또한, 같은 종목이라도 스포
츠관람이벤트와 스포츠참가이벤트로 구분하면 그 주안점이나 목적
부터 서로 다르다. 그리고 스포츠참가이벤트에서 참가자를 위해 경
기를 진행할 때와 교육이나 강습을 진행할 때의 접근 방법이 서로
다르다. 스포츠관람이벤트도 고정된 좌석에서 또는 이동하면서 관
람하는 경기의 차이를 생각할 수 있다. 그리고 개별참가자를 중심
에 놓고 장면을 연출하는 것과 하나의 집단을 위해 전체적 관점에

서 연출하는 것도 서로 같을 수 없다.

그러함에도 스포츠이벤트의 기본적인 형식을 찾는다면 다른 이벤트와 유사하게 개막식, 경기, 폐막식으로 나누어 생각할 수 있다. 개막식은 식전문화공연, 의식절차, 축하공연 등으로 구성하고 경기는 예선, 본선, 결승을 치른다. 여기서 예선은 사전에 이루어지기도 한다. 폐막식은 개막식과 구성이 비슷하고 의식절차에 종합적인 시상식을 포함할 수 있다. 시상식은 올림픽처럼 개별종목별로 경기 중에 진행할 수도 있다.

최근에는 개·폐막식에서 의식절차와 문화공연을 섞어서 진행하는 방법으로 교차 연출하여 흥미를 유지하는 예가 많이 나타난다. 사내 체육대회처럼 단합을 위한 스포츠이벤트에서는 경기에 레크레이션 요소를 활용하여 진행하거나 전체 행사를 축제처럼 구성하여 진행할 수도 있고 때로는 점심시간을 늘려 가족과 함께 자유롭게 놀이를 즐기는 프로그램을 운영하기도 한다. 참고로, 사내 체육대회를 동기부여 관점에서 접근한다면 기업이벤트라고 할 수 있다.

나. 스포츠이벤트 참가자 동선

스포츠관람이벤트의 동선은 관중의 관점에서는 선수와 경기를 잘 볼 수 있도록 하는 것, 그리고 선수와 관람객의 동선을 분리하여 운영하는 것 두 가지가 기본적인 사항이다. 관중이 응원하는 각 선수단의 구분을 명확히 하고 서로 연결할 수 있도록 하며 선수와 경기의 정보 그리고 진행 상황을 잘 전달하는 것들이 고려사항이다.

콜로세움 형태를 스포츠관람이벤트를 위한 최적의 장소로 여기는 이유는 어떤 위치에서나 선수의 움직임을 잘 볼 수 있고 경기 중에 발생하는 소리를 잘 들을 수 있기 때문이다. 경기장의 관람객에게 정보를 전달하는 전광판, 음향과 영상은 어디서나 쉽게 확인할 수 있도록 하고 스마트폰을 활용한 부가적 정보제공이나 참여 서비스 운영으로 관람에 대한 몰입과 재미 그리고 충성도를 높일 수 있다. 덧붙이면 편의를 위한 시설이나 서비스뿐만 아니라 식음료, 오락 등 특별한 서비스를 제공하거나 피크닉석이나 박스석 등 특별한 좌석을 차별적으로 운영하는 것도 일반화되었다.

스포츠관람이벤트인 프로스포츠는 그 시설을 건축할 때부터 관람의 최적화를 위해 기본적인 연출방법을 적용한다. 그리고 지속적인 경기운영을 통해 관람객 동선을 개선한다. 그렇지만 연 1회 또는 이슈에 따라 개최하는 스포츠이벤트는 동선의 구성을 위해 여러 가지 조건을 검토한다. 특히 여러 종목을 동시에 진행하는 경우에는 예선이나 본선 등의 경기 진행에 따라 여러 동선과 시선이 서로 엉키지 않도록 주의한다. 한 종목을 잘 연출하여도 다른 종목과 장면이 엉키면 관람객에게 충분한 체험을 제공하기 어렵다.

단일 종목이라도 여러 경기가 동시에 이루어질 때 각 경기의 시작과 종료가 겹칠 수 있어 이 부분의 혼란을 조종할 필요가 있다. 시간을 정할 수 없는 경기, 예상보다 빨리 또는 늦게 종료하는 경기를 위한 대책도 필요하다. 마라톤의 경우 전 구간에 걸쳐 경기가 진행될 수 있다. 아마추어 경기와 전문선수 경기를 함께 개최하면 그 관리 범위는 더욱 확장되므로 구분된 운영이 필요하다.

경기 관람에서 관람객 입장 동선의 첫 목표는 각자의 좌석을 찾는 것이므로 진행요원의 적절한 안내나 방향 표식만으로도 비교적 쉽게 흐름을 통제할 수 있다. 구역과 좌석에 대한 기본적인 정보제공 외에 입장 동선에서 고려할 수 있는 연출장면은 경기에 대한 기대를 높이기 위해 응원하는 팀과 경기 내용에 대해 정보를 제공하고 출전 선수를 돋보이게 하는 것을 생각할 수 있다. 또한, 후원이나 협찬을 위한 공간의 마련도 동선에서 중요한 위치를 차지한다. 경기 전과 경기 중에 즐길 수 있는 소소한 프로그램을 운영하고 그것을 협찬과 연결하면 좋은 마케팅 아이템이 될 수 있다.

퇴장 동선은 관람객의 동시 퇴장으로 인한 집중을 줄일 수 있는 시간 확보 그리고 동선을 분산하고 안전하게 운영하는 것이 그 어떤 연출보다 중요하다. 퇴장 동선은 모두가 출구, 주차장 등으로 향하고 최단 거리를 찾으려는 태도로 인해 위험의 발생 확률이 높아지기 때문이다. 응원하는 선수를 만나려는 팬덤에 대한 고려 외에도 퇴장 시 경쟁팀의 응원객들이 서로 충돌하지 않도록 동선을 분리하고 즐거움과 화합의 감정을 분출할 수 있는 퇴장 동선을 구성한다.

다. 스포츠이벤트연출

1) 스포츠관람이벤트

스포츠관람이벤트는 정해진 자리에서 한 경기를 관람하거나 여러 경기 장소를 찾아다니며 관람할 수 있다. 경주형 스포츠나 예선, 본선 등 여러 경기가 있는 스포츠이벤트는 해당 선수나 팀을 쫓아

다니며 관람하기도 한다. 특히 종합체육대회는 여러 종목과 경기가 혼재하기에 관람자의 관점에서 종목의 위치와 경기를 잘 파악할 수 있도록 돕는 것이 중요하다.

예를 들어 픽토그램이나 표식을 잘 활용하면 통일된 이미지로 관련 정보를 쉽게 전달할 수 있다. 다만, 낯설거나 시인성이 부족한 표식은 오히려 암호처럼 해독하기 어려워 혼란을 일으킬 수도 있기에 특별한 디자인보다는 친숙하게 해석할 수 있는 디자인이 좋다. 표식을 사용하는 이유는 최종목표에 쉽게 도달하도록 도우려는 것이기에 정보제공의 의도를 연출에 적용하는 노력이 필요하다. 당연하지만 장애인에 대한 배려도 잊지 않는다.

경기의 승리에 대한 기대, 응원팀에 대한 소속감, 도전과 열정 그리고 환호를 드러내는 장면연출이 중심적인 고려사항이다. 축구경기에서 양 팀의 엠블럼을 넓게 펼치고 국가나 팀가(응원가)를 연주하는 것을 그 예로 들 수 있다. 그리고 후원자를 위한 마케팅 공간의 마련이나 이미지 전달이 경기 관람과 동떨어지지 않고 상승효과를 거둘 수 있도록 연출한다. 경기의 전, 중, 후 시간을 활용한 프로그램을 구성하여 스포츠이벤트에 대한 참여와 재미를 높일 수 있고 가족이나 단체의 관람을 위한 부가서비스를 제공하여 집객과 충성도를 높일 수 있다.

2) 스포츠참가이벤트

스포츠에 직접 참가할 때는 선수와 관람객의 출입위치, 선수 접수(등록)처, 경기 대기(준비) 공간, 경기 장소, 이동통로와 방법 등을 구분하여 연출장면을 구성할 수 있다. 스포츠참가이벤트에서도 경기참가를 위한 동선뿐만 아니라 관람을 위한 동선도 고려한다. 특히 가족이나 친지처럼 선수와 관람객의 친밀도가 높은 경우가 많기에 출전동선과 관람동선이 서로 엉킴으로써 경기 진행에 지장을 주지 않도록 분리한다.

참가선수는 환영공간인 전용 출입통로와 접수처에서 참가에 대한 긍정성과 자부심을 처음으로 확인하고 경기에 대한 열의를 높일 수 있다. 대기 공간, 이동 동선, 경기장 등에서 선수에게 제공하는 우대 서비스는 스포츠이벤트 참가의 체험 효과를 높일 수 있다. 아마추어 경기는 경기장 조성의 형태와 경기 진행의 격식을 프로스포츠나 전문경기에 가깝게 연출할수록 참가자의 자부심을 높일 수 있다. 그렇지만 경기와 격식의 수준은 아마추어 능력에 맞게 조정한다. 예를 들어 경기기록을 활용할 때 당일 최고 수준이나 특별한 기록을 선정하여 세계기록 형식으로 발표함으로써 사기를 높일 수 있다.

종목과 경기에 따라 복식이나 색을 활용하여 구분하면 통일성과 식별성을 높여 효과적인 운영을 돕는다. 사내 체육대회 시상식이나 경기 진행 과정에서 직원과 팀 또는 그 가족과의 감동적 스토리를 구성하여 보여줌으로써 개최목적을 달성할 수 있다. 경기에서 우승한 승자에 대한 축하뿐만 아니라 패자에 대한 적절한 위로와 격려의 의식은 스포츠참가이벤트의 전체 참가자의 성취도와 충성도를 높일 수 있고 화합에도 도움을 준다.

6. 문화이벤트

가. 문화이벤트의 개념

문화이벤트는 예술이나 대중문화를 주제로 공연을 개최하고 참가하는 이벤트를 말한다. 문화이벤트는 노래나 악기 연주 등의 음악, 연극이나 무용 또는 미술 퍼포먼스 등의 매력적인 문화요소를 소재로 이루어진다. 개최 형식은 공연이나 상영을 기본형식으로 하고 경연대회를 열거나 발표회로 개최한다.

문화이벤트는 하나의 프로그램으로 축제나 MICE 등의 다른 유형의 이벤트에 삽입되기도 한다. 그렇지만 이때는 다른 개최목적을 위한 구성요소이므로 독립적인 목적을 지닌 문화이벤트라고 말할 수는 없다. 그리고 관람 중심의 수동적 공연도 문화이벤트라고 할 수 있지만, 관람객의 능동적인 체험을 적극적으로 지향할수록 문화이벤트의 성격이 더 강해진다. 그래서 많은 예에서 전문적인 클래식 공연보다 대중적인 공연이 문화이벤트라는 용어가 더 잘 어울린다. 클래식 공연이나 전통공연도 관람객의 참여요소를 확대함으로써 체험의 수준을 높일 수 있다.

유사한 형태나 통일적 주제로 여러 공연을 묶어서 하나의 축제형식으로 만들어 문화이벤트를 개최하기도 한다. 연극제, 음악제, 영화제, 록페스티벌 등은 행정적 편의나 대중적 참가의 관점에서 축제라고 분류할 수 있다. 그렇지만 본질적인 의미와 학문적인 구분으로는 문화이벤트라고 분류할 수 있다.

축제의 설명에서 언급하였듯이 축제는 지역 공동체와의 연계성이 핵심적인 기반이지만 축제형식의 문화이벤트는 주제와 소재가 더욱 중요한 중심성을 지닌다. 따라서 어떤 지역이 특정 예술제를 개최하여 브랜드가치를 얻었다고 하더라도 그 예술제는 다른 지역으로도 쉽게 이식될 수 있다. 예를 들어 '하회별신굿'은 분명히 하회마을의 축제이지만 만약 '안동국제탈춤페스티벌'이 하회별신굿을 품고 있지 않다면 축제형식을 빌린 문화이벤트라고 할 수 있다. 다시 말하면 특정 지역만의 본질적 특성이 없는 탈춤축제는 그 어디라도 옮겨심을 수 있는 문화이벤트라고 할 수 있다. 또, 앙굴렘만화축제는 지역적 브랜드가치를 지니고 있다. 그러함에도 만화축제는 어디서라도 개최할 수 있는 문화이벤트라고 할 수 있다.

문화이벤트를 개최하려면 대중의 인기나 마니아의 취향을 파악하는 것이 중요하다. 물론 다른 유형의 이벤트에서도 참가자의 특성을 파악하고 적용함으로써 효과적으로 개최를 할 수 있다. 그렇지만, 문화이벤트는 특히 목표대상의 취향이나 인기가 그 개최의 우선적 근거나 동기로 작용한다. 그리고 문화 향수의 기회를 확대하려고 지자체나 공공기관에서 개최하는 때에도 중요하지만, 흥행을 통해 입장 수입을 얻고자 하는 문화이벤트는 목표대상의 특성 파악과 그것을 적용한 연출이 더욱 필수적이다.

나. 문화이벤트 참가자 동선

문화이벤트의 참가자 동선도 스포츠이벤트와 비슷하게 문화관람이벤트와 문화참가이벤트로 나누어 생각할 수 있다. 문화관람이벤트는 연희 등의 문화예술을 표현하기 위해 준비하는 연출동선과 관람을 위한 참가자의 이동동선으로 나눈다. 문화참가이벤트는 경연이나 교육을 위한 참가동선이 중심에 서고 관람을 위한 동선은 중요도가 낮아진다. 관람은 응원과 격려를 위한 동선으로 연출한다.

문화관람이벤트에서 퍼포먼스를 위한 연출 동선은 공연자의 등장으로부터 시작한다. 퍼포머의 등장과 퍼포먼스가 참가자의 기대에 부응하고 기대 이상일 때 몰입과 만족의 수준을 높일 수 있다. 그렇지만 공연자와 공연장면에 대한 연출은 예술적 창작의 영역으로 남겨둔다. 여기서는 참가자가 문화이벤트에 공감하고 적극적으로 참여할 수 있도록 하는 동선의 구성을 중심으로 설명한다. 예를 들어, 공연장 입장을 위한 입장권 교환, 입장과 퇴장, 공연자의 환영과 환송, 공연장 내외의 여러 참여프로그램, 좌석의 배치, 디스플레이 디자인, 협찬사 프로그램 등에 대한 장면연출을 구성한다. 여러 공연자가 함께 참여하는 콘서트에서는 팬덤에 따른 관람석의 구분이나 식별 디자인이 필요할 수도 있다.

문화참가이벤트의 참가자 동선은 스포츠참가이벤트의 동선을 참고할 수 있다. 예를 들어 경연할 때 참가자의 동선은 접수, 준비, 경연과 심사, 발표와 시상 등으로 이루어진다. 그리고 경연에 참여하는 개인이나 팀의 경연을 위한 맞춤형 장면연출이 필요하다. 일반적으로 경연의 형평성과 연출의 효율성을 위해 정해진 틀에 따라 발표내용을 제한하는 장면연출이 많이 나타난다. 그러한 상황이 불가피하더라도 참가자 각자의 창의성이나 능력을 최대한 발휘할 수 있도록 노력하는 연출적 주의가 필요하다.

그리고 관람자들이 그들과 관련된 공연자의 공연에만 집중하고 그 전후 시간은 공연자와의 만남을 시도하거나 주의가 산만해지기 쉽다. 공연자 역시 자신의 발표에만 노력하고 타인의 발표에 대한 배려가 부족한 경우도 나타난다. 따라서 준비, 대기 공간의 혼잡이 발생하거나 관객 관점의 연출이 부족하여 관람의 질이 떨어지지 않도록 한다. 또한, 공연자와 참가자가 함께 섞임으로써 어수선한 장면이 표출되지 않도록 주의한다. 무대전환에서 혼란이 발생하면 관객에게도 분위기가 전파되어 쉽게 산만해진다. 객석 조도를 최대한 낮추고 공연시간 동안은 출입구를 통제한다. 공연자가 다른 공연을 보려고 할 때는 대기 공간에 모니터를 설치하거나 2층 객석 등 일반 객석과 분리된 관람공간을 마련한다.

교육이나 워크숍 등의 문화참가이벤트에서는 참가자들이 동선을 통해 하나 이상의 완결된 체험을 할 수 있도록 구성한다. 예를 들어 한 곡 전체의 안무를 교육하기 어려우면 주제 부분이나 난도가 높은 부분에 숙달할 수 있도록 집중하여 교육할 수 있다. 이때에도 전체 안무에 대한 설명과 연결에 대한 비결 등을 알려줌으로써 흥미와 만족도를 높일 수 있다. 앞의 스포츠참가이벤트에서도 언급하였듯이 참가자의 수준을 고려하여 약식으로 진행하더라도 전문공연자에 따르는 절차와 대우를 제공함으로써 이벤트 참여에 대한 자부심을 높일 수 있다. 때론 다소 과장된 표현을 활용함으로써 효과적인 연출을 할 수 있다.

다. 문화이벤트연출

문화이벤트에서 중요한 것은 참가자 관점의 연출이지만, 공연자의 퍼포먼스만을 중요한 연출 대상으로 생각하는 경우가 많다. 문화이벤트는 참가자에게 문화예술 체험을 제공하고 어울리게 하는 것을 목적으로 한다. 따라서 공연내용을 연출하는 것뿐 아니라 이벤트에 직접 참여할 기회를 제공하는 체험요소의 개발이 더욱 중요하다.

1) 문화관람이벤트

공연이 아니라 관람이라는 용어를 굳이 사용한 이유는 문화관람이벤트가 참가자의 체험을 창출하기 위해 개최하는 것임을 강조하기 위해서다. 단독 공연은 전적으로 해당 공연자를 중심으로 주제와 연출의 방향을 정한다. 그리고 둘 이상의 조인트 공연에서는 각 공연자의 개성을 존중하되 통합적인 주제를 중심으로 연출의 방향을 정한다. 또한, 어떤 경우든지 주제와 연출 방향을 정하면 참가자를 위한 연출도 당연히 그 체험을 전달하고 강화하는 방향에 맞추어 진행한다. 더불어 참가자의 체험몰입 수준을 높이기 위해 공연내용과 연출의 방향을 조절할 수 있다. 공연자와 참가자를 위한 두 부분의 연출을 통합적으로 수행하지 못하면 공연이 표현하려는 체험을 제대로 지원하지 못함으로써 좋은 공연조차도 실패한 체험으로 기억될 수 있다.

입장권을 교환하거나 접수하는 참가자의 대기열이 길어지거나 공연 시작 직전에 참가자들이 몰려들어 혼잡이 발생하지 않도록 사전 프로그램을 운영하고 미리 홍보하여 입장을 위한 여유시간을 확보한다. 참가자가 자리를 찾아가는 착석까지의 시간은 말 그대로 체험몰입을 위한 준비의 시간이다. 따라서 공연의 정보를 확인하고 궁금증을 해소하며 관련 상품을 구매하면서 공연에 대한 몰입도를 높이는 준비과정으로 활용한다. 참가자의 동선을 구성하는 장면연출은 공연주제와 이미지를 연결하거나 상징적 개념을 전달하기 위한 중요한 모티브로 작용한다. 그리고 그 모티브는 공연의 기대감을 높이거나 이야기 전개의 복선으로 활용할 수 있다.

공연자와 참가자의 동선은 기본적으로 분리하여 운영하지만, 공연자의 공연 준비나 도착 과정을 보여주고 참가자가 참여할 수 있도록 하는 연출은 공연의 실재감을 높이고 공연자에 대한 친밀도와 유대감 형성을 높일 수 있다. 서로 다른 등급의 좌석으로 향하는 참가자 동선은 제공하는 서비스의 차이가 발생하는 시점을 기준으로 분리하고 위화감이나 서로의 마찰을 없앨 수 있도록 주의한다.

서로 다른 등급의 동선을 구성할 때 전체적인 관점에서 공유의 폭을 높이되 다른 등급 간의 좌석경계는 물리적으로 분명히 함으로써 혼란이나 불만이 발생하지 않도록 한다. 그렇지만 등급 간에 서비스의 차이가 없고 좌석의 지정만 다를 때는 동선을 서로 분리하지 않아도 큰 무리가 없다. 물론 콘서트의 무대 앞 스탠딩 자리와 같이 좌석이 아닌 관람 구역으로 구분되고 구역에 따라 관람의 이점이 분명히 다르면 서로의 동선을 당연히 분리하고 좌석의 물리적 경계도 분명히 세운다. 그리고 스탠딩석에서는 공연을 시작하면 무대 쪽으로 관람객이 쏠리는 밀집 현상 발생에 대비한다. 그

밖에 협찬사의 부스나 서비스 내용도 공연주제와 연결될 수 있도록 연출한다.

2) 문화참가이벤트

경연이나 교육을 위한 문화참가이벤트는 참여 과정 전체가 참가자의 체험을 위한 연출의 대상이다. 이벤트 개최장소에서 진행하고 펼치는 내용뿐만 아니라 사전에 이루어지는 모집과 선발, 설명회, 예선 등의 과정도 이벤트 개최의 연장선에서 연출한다. 여러 디자인을 포함한 각 연출장면을 개최일의 완성을 향한 복선과 준비가 되도록 구성한다. 준비과정의 긴장을 점증적으로 축적하여 개최일에 대단원에 다다를 수 있도록 한다. 특히 준비과정의 연출내용이 상투적 절차의 반복이 되지 않도록 주의한다. 준비과정의 연출내용은 본행사의 연출을 위한 소재(영상자료, 에피소드 발굴 등)로 활용할 수 있도록 한다.

공연 참가자를 위한 장면연출은 접수와 등록, 대기와 준비, 공연 등으로 구성할 수 있고 심사와 시상 등의 장면을 포함할 수 있다. 경연대회를 예로 들면 기본적으로 경연주제가 드러나도록 하고 각 참가자가 실력을 뽐내며 인정받는 느낌을 받을 수 있도록 연출한다. 이는 의상, 분장, 코칭, 리허설 등 출연자에 대한 세심하고 전문적인 지원으로 가능하다. 아마추어 공연자는 대기실 사용이나 공연 준비에 어색할 수 있기 때문이다.

대부분은 공연 그리고 심사와 시상을 전문적으로 연출하는 것에 노력을 집중한다. 그렇지만 접수와 등록, 대기와 준비에서도 전문성 있는 서비스와 세련된 체험을 제공하고 주제를 잘 표현할 수 있도록 장면을 연출해야 참가자의 만족도를 높일 수 있다. 그리고 예선 탈락자에게 소정의 기념품을 주거나, 본선 공연의 입장권, 본선 응원석 마련 등의 여러 참여방법을 제공하여 탈락을 원망하지 않고 아쉬움을 달랠 수 있도록 배려함으로써 지속적인 지지자로 만드는 전략이 필요하다.

경연에서 각 공연자에게 전문적인 공연 환경을 제공하고 실력을 충분히 드러낼 수 있도록 연출하며 심사과정도 전문성과 공정함이 드러나도록 연출한다. 즉 명확한 심사 기준과 공정한 절차를 제시한다. 관객의 동선을 공연자의 대기 및 준비공간과 분리하고 관객에게도 충분한 공연체험이 될 수 있도록 한다. 경연 과정에서 준비와 진행으로 발생하는 혼잡이나 어수선함을 체험하지 않도록 주의한다. 공연 후에는 응원 온 관객과의 기념촬영 시간 마련 등 경연참가를 즐겁게 마무리할 수 있도록 배려한다. 지자체 등에서 개최하는 문화참가이벤트는 전시 등 다른 프로그램과 함께 개최하는 경우가 많기에 복합적인 형태의 연출을 요구할 수 있다. 그리고 협찬이나 후원이 있을 때는 계약에 따라 홍보하기 위한 공간을 마련하거나 디자인 구성에 그 내용을 포함한다. 좀 더 적극적으로 공연주제와 후원에 어울리는 별도의 홍보프로그램을 구성하여 운영할 수도 있다.

7. 정치의례이벤트

가. 정치의례이벤트의 개념

각급 정부 또는 정당이나 단체, 개인이 정치적 목적으로 개최하는 집회나 의식행사를 통칭하여 정치의례이벤트라고 분류한다. 정부는 국경일을 포함하여 각종 기념행사를 연례적으로 개최한다. 한시적 사업의 시작이나 완성을 기념하는 행사나 특별한 일을 기념하는 행사도 수시로 개최한다. 예를 들어 순국선열의 유해 봉환식도 정치의례이벤트이고 착공식이나 준공식은 일반적인 예라고 할 수 있다. 정당은 창당대회, 전당대회, 대선 경선 등의 큰 행사나 소규모 대중집회도 수시로 개최한다. 개인도 선거운동을 위한 거리유세나 정치적 후원 행사를 개최하고 여러 시민단체의 정치적 주장을 위한 행사 개최도 자주 목격할 수 있다.

기념이나 추념 의례는 그 주제나 대상이 이미 정해져 있다. 그러함에도 주최자에 따라 대중에게 전달하려는 메시지가 다를 수 있기에 사전 논의가 필요하다. 정치의례이벤트는 일반적으로 정해진 의식이나 전통적인 절차에 따라 행사를 진행하고 그것을 통해 사회적 정통성을 부여한다. 그리고 일반적으로 무대배경이나 자료 영상, 연설 등을 활용하여 그 의미를 부각한다. 그렇지만, 특별한 퍼포먼스나 의식절차를 활용하여 평소와 다른 형태의 의례장면을 연출함으로써 그 메시지를 더욱 분명하고 효과적으로 전달할 방법을 찾을 수 있다.

한시적으로 추진하는 사업을 위한 행사나 특별한 의식의 거행은 그 자체로 주최자의 정치적 상징이거나 치적이 될 수 있기에 적극적인 홍보 소재로 활용한다. 예를 들어, 남북철도 연결착공식은 남북 화해를 상징하고 국가유공자의 유해 봉환식은 해당자에게 국가적 영예를 드러내는 것이고 국가에 대한 국민의 자긍심을 높이는 역할을 한다.

그리고 정당에서 정치인을 뽑는 경선이나 선거를 위한 집회와 유세에서는 해당 정치인과 정치적 구호를 앞세워 행사를 진행한다. 정치의례행사의 홍보는 방송 등 언론 매체를 통해 이루어지기에 생방송, 사진 촬영, 송고 마감, 시나리오 제공, 시스템 요구사항(조명, 음향, 효과 등) 등 사전 협의가 필요하다. 고위직 인사가 참석하면 의정관, 경호부서 등과의 사전 협의가 필수다.

정치의례이벤트는 전통의 재현이나 단순한 정치적 홍보뿐만 아니라 대중적 선전이나 선동의 수단으로 개최할 수 있다. 정부나 정당 등 주최자는 행사의 개최를 통해 지지자를 모으고 결속을 추구한다. 그리고 추진하는 정책이나 사업의 긍정적 상징성과 의미를 제시하고 전달하고자 노력한다. 따라서 주장하는 정치적 메시지나 구호를 효과적으로 표현하고 전달하는 연출이 필요하다.

그리고 정치의례이벤트의 연출은 정치인 등 중심인물을 내세워 전개하는 경우가 많다. 따라서 그 인물들을 어떻게 등장시키고 어떻게 주인공으로 만들 것인가에 대한 고심이 많다. 특히, 전달하려는 메시지와 주인공의 이미지를 일치시키고 주목도 강한 연출을 통해 행사의 효과를 높이려고 노력한다.

나. 정치의례이벤트 참가자 동선

사회적 전통을 표현하는 의식과 절차는 그 자체로 집단적 상징과 전통의 유지라는 의미를 지니고 있어 참가자의 욕구를 표현하거나 편의를 배려하는 것보다 우선한다. 따라서 의식과 절차가 중심인 정치의례이벤트에서 참가자의 동선은 전통적 의식 그리고 의전이나 규정 등을 방해하지 않고 지원하도록 위치와 흐름을 설정한다. 그렇다 하더라도 최근에는 참가자의 편의나 즐거움을 먼저 고려하고 전통의 변화를 적극적으로 수용하며 새로운 의미와 형식을 찾기 위한 노력을 많이 하고 있다.

정치의례이벤트에서 참가자의 동선은 의식의 절차를 따르는 행렬이나 관람자로 설정한다. 의식을 행하는 주 연행자의 동선을 불가침의 영역처럼 설정하고 다른 참가자의 동선은 그 경계를 지지하는 방향에서 결정한다. 경계를 명확하게 드러내고 주 연행자의 동선을 특별하게 만듦으로써 권위를 높인다. 대표적인 예로 레드카펫 등을 활용하여 동선을 돋보이게 한다. 또 주 연행자 그리고 참가자 사이 간격이나 높이의 차를 활용한다. 참가자의 모든 입장이 끝나고 행사장을 정리한 후에 주 연행자를 극적으로 맞이하는 의식도 주 연행자의 권위를 높인다. 의식을 진행하는 무대나 단을 높이고 참가자 시선이 집중되며 적극적 지지가 드러나도록 연출함으로써 같은 효과를 창출할 수 있다.

전통적인 연행 동선의 구성은 길을 여는 사람과 선도(호위) 무리가 앞서고 (이때 예비의식을 행할 수 있다) 그다음으로 주 연행자가 호기롭게 나타나며 그 뒤를 여러 무리의 다양한 지지자들이 따른다. 행사 전 참가자의 동선은 지지의 연대감을 높이고 참여의식을 고양할 수 있도록 구성한다.

참가를 위한 동선을 행사의 상징물로 장식하고 연대를 위한 사전 의식으로 구성할 수 있다. 사전 의식은 전통이나 목적에 따라 복잡할 수 있지만, 방명록에 서명하거나 등록하고 배지를 달거나 팔목이나 어깨에 띠를 두르는 비교적 간단한 연대적 행위로 대신할 수 있다. 선전과 선동, 연대와 지지 등을 목적으로 개최하는 정치의례이벤트는 대규모 군중 집회로 확장될 수 있기에 위험요소(리스크)의 식별과 제거를 위한 사전 점검, 경찰과의 협조와 경호 그리고 안전 및 보안 계획이 요구된다.

다. 정치의례이벤트연출

정치의례이벤트의 연출은 의식을 위한 각 절차가 전통적으로 어떤 의미를 지니고 있고 행사를 통해 드러내려는 의미가 무엇인지를 파악하는 것에서 시작한다. 사회적 전통에 기반하여 의식의 절차를 구성함으로써 사회적 신뢰와 권위를 획득하고 지지를 얻을 수 있다. 새로운 절차를 삽입하거나 변형할 때도 공동체의 집단적 기억에서 의미 있는 내용을 찾아와 활용함으로써 그 집단의 암묵적 동의를 구한다. 그리고 그 기억을 첨단의 표현방식과 연결하는 등 나름의 연출을 완성한다. 퍼포먼스를 통해 주목도를 높이는 정치적 캠페인에서는 의식과 절차도 중요하지만 표현하는 내용의 대중적 수용성이 무엇보다 중요하다.

정치의례이벤트에서 의전(protocol)은 중요한 부분을 차지한다. 의전은 참석자들의 서열, 절차, 연행방식 등을 규정한다. 회의이벤트, 전시이벤트, 스포츠이벤트 등의 여러 국제적 행사에서 이루어지는 외교적 절차는 국제적 의전에 따라 주최국이 기준을 정한다. 의전은 문화가 서로 다른 상대에 대한 기본적인 존중을 표현한다. 정치의례이벤트에서 의식이나 의례의 대표적인 예로는 국민의례가 있다. 국기를 게양하는 방법, 연행자들의 등장순서나 착석의 위치 또는 호명의 방법, 임명과 시상이나 훈장의 수여방식과 절차도 의전에 따라 진행한다.

의식의 진행을 위해 정해놓은 음악을 사용하기도 한다. 예를 들어 대통령이 입장할 때 우리나라는 '미스터 프레지던트(Mr. President)'를[7], 미국에서는 '헤일 투 더 치프(Hail to the Chief)'를 공식 예우곡으로 사용한다. 공공의식을 위해 한번 정해진 곡을 쉽게 바꿀 수 없지만, 행사의 의미를 표현하고 전달하기 위해 연주방법에 변형을 줄수 있다. 가령 애국가를 어린이의 독창이나 합창으로 진행한다든지 국악기 편성으로 연주하거나 군악대를 활용할 수 있다. 이렇듯이 같은 절차의 의식이라도 배경이나 복식 또는 미디어나 특수효과 등을 활용하여 각 행사의 의미를 다르게 표현할 수 있다.

정치의례이벤트의 장면을 효과적으로 연출하기 위해서는 어떤 메시지를 전달하기 위한 행사인지 그리고 누가 주인공인지를 명확하게 파악할 필요가 있다. 예를 들어 어떤 도로나 시설의 준공식을

---

7) 2017년 김형석이 작곡하여 문재인 대통령에게 헌정하였다. 경찰이나 군공무원이 대통령에게 경례할 때는 '봉황'을 연주한다.

거행한다면 메시지는 그 시설의 준공에 따른 시민이나 국민의 혜택과 비전이 될 것이다. 주인공(주빈)은 시설을 이용할 시민이나 국민, 가깝게는 공사과정에 어려움을 겪은 지역주민 그리고 공사관계자라고 할 수 있다. 따라서 성과와 비전을 보여주는 동영상이나 전시 등을 고려할 수 있다. 주빈을 상석에 모시고 위로하는 연출이 필요할 수도 있다. 여기서 사업의 시행청은, 가령 지자체장 등은, 주인공이라기보다 주빈을 모시는 주최자(호스트)라고 할 수 있다. 참가자와의 친밀도를 높이는 연출이 권위를 강조하는 연출보다 대표자로서의 이미지를 더욱 부각할 수 있다.

8. 개인이벤트

가. 개인이벤트의 개념

개인이벤트는 다른 말로 사적 이벤트라고 할 수 있다. 다만, 사적 이벤트는 공공이벤트에 맞서는 말로서 개인적 행사는 물론 기업이벤트처럼 영리를 위한 이벤트도 포함하지만, 개인이벤트는 좀 더 좁은 범위의 의미를 표현한다. 즉, 사적인 개인이 주최하는 행사나 비영리 사적 모임에서 개최하는 행사를 지칭한다. 개인에게 있어서는 통과의례나 기념일 행사가 대표적이고 사적 모임은 동호회, 동창회, 동문회 등에서 친목을 도모하거나 단체 창립일 등의 기념일에 개최하는 행사를 생각할 수 있다. 개인적 통과의례에서는 전통적인 의식으로 상징적 의미를 부여하고 음식과 여흥으로 유대를 즐기고 교류하며 축하한다.

개인이벤트는 대부분 축하나 기념 그리고 친목의 도모, 집단의 결속 등을 위해 개최한다. 개최의 형식은 대체로 의례 또는 회의가 여흥과 결합하는 형태로 이루어진다. 구체적인 예로는 돌잔치, 생일파티, 결혼식, 환갑잔치, 장례식 등의 개인적인 친지 중심의 행사가 있고 동창회, 동문회, 총회, 기념식, 경연대회, 발표회 등의 집단적인 행사가 있다. 개인이벤트는 개인적 유대가 높은 내집단(in-group 또는 we-group)을 중심으로 개최한다. 따라서 의식이나 의례의 엄격함보다 상호 간의 정서적 교감과 결속을 중요하게 여긴다. 한편, 유교적 제례와 같이 절차를 온전하게 진행함으로써 의미와 목적을 달성하는 행사도 있다. 이때에는 의식이나 의례의 형식적 완성에 더욱 엄격함을 부여한다. 의미부여의 모호함을 해소하고 정당성을 부여하거나 다른 의미를 찾기 위한 논쟁이 발생하기도 한다.

나. 개인이벤트 참가자 동선

개인이벤트의 참가자는 서로 간의 유대가 높다는 것에 주의한다. 주인공과 주최자를 제외한 참가자들은 대체로 같은 수준의 동선을 이동하고 주인공과의 밀접한 관심과 접촉을 희망한다. 그리고 참가자 사이에서도 유대가 높아 서로 간의 빈번한 교류가 발생한다. 결혼식, 생일잔치(백일잔치를 포함하여) 등의 개인이벤트에서 초청자는 참가자를 일일이 영접한다. 참가자의 좌석을 지정하는 것도 배려와 관심의 의미를 지닌다. 친척과 친지가 참여하는 행사에서 참석자의 위치나 특정 프로그램에 대한 참여 허용 여부는 종종 갈등을 유발하기도 한다.

개인이벤트에서 참가자는 영접을 시작으로 의식 그리고 축하와 식사, 환송의 순서로 동선을 이동한다. 축하와 식사는 서로 순서를 바꾸거나 함께 진행할 수도 있다. 장례식에서는 축하 대신에 위로와 조의로 감정을 교류한다.

참가자의 동선은 장소에 도착하여 위치를 확인하는 것으로부터 시작한다. 해당 행사만을 위한 전용 행사장이나 사적인 공간이 아닌 경우에는 다른 목적의 방문객들과 동선이 겹칠 수 있다. 이를 극복하기 위해서는 주목도와 시인성이 높은 안내 표지의 설치가 필요하다. 참가자는 행사장 입구에서부터 행사장(연회장 등)까지 도우미의 안내를 받을 수 있다면 주최자의 배려를 좀 더 느낄 수 있다.

행사장(연회장) 로비에서 주최자가 참가자를 영접하고 참가자는 참가를 등록하거나 방명록을 작성한다. 영접 후에는 공식적인 의식이 이루어지기 전까지 환담과 교류가 이루어진다. 공식적인 의식은 형식과 내용에 따라 참가자가 직접 참여할 수도 있고, 관람하거나 응원할 수도 있다. 본격적인 교류는 연회를 통해 이루어지고 배웅과 환송을 통해 행사를 마무리한다.

다. 개인이벤트연출

예전의 개인이벤트는 주최자의 집과 마당 또는 그 집단이 주로 모임을 하던 장소에서 열렸기에 참가자들에게 대체로 익숙한 장소였다. 그렇지만 요즘의 개인이벤트의 개최장소는 대체로 전문 행사장이나 호텔, 식당 등 참가자에게 낯선 장소일 때가 많다. 종교시설을 활용하는 경우에는 그나마 친숙함이 높다고 할 수 있다. 따라서 개인이벤트의 첫 번째 과제는 참가자가 개최장소에 쉽게 접근할 수 있도록 도와주는 것이다. 물론 잘 알려지고 시인성이 높으며 교통 등 접근성이 좋은 장소에서 다른 행사와 겹치지 않게 개최할 수 있다면 최선이겠지만 길을 찾기 어려운 경우가 많다.

대부분의 개인이벤트는 해당 장소 주변에 도착했을 때 참가자가 목적지에 도착했음을 알 수 있는 정보나 단서가 부족하다. 물론 주소만 있으면 내비게이션이 친절하게 안내하는 세상이지만 사람들은 도착을 확인할 수 있는 확실한 메시지나 정보를 얻기 전에는 안도하지 못한다. 참가자가 가장 얻고 싶은 정보는 주인공의 이름이나 행사의 명칭이다. 막상 행사장에 제대로 도착하였음도 그러한 정보를 얻지 못하면 자신의 기억이나 선택을 의심하고 주변을 헤맬 수도 있다.

공공이벤트와 마찬가지로 차량에서 인지할 수 있는 유도 사인이나 보행자를 위한 안내 사인을 행사장 주변에 설치하면 도움이 된다. 그렇지만 개인이벤트는 규모가 작고 홍보를 위한 공적 접근이 어려워 사인의 설치나 게첨허가를 얻기가 쉽지 않다. 개인소유 시설은 소정의 비용을 지급하거나 양해를 구하면 허가나 활용이 가능할 수도 있다. 공공시설은 허가가 어렵고 법적 문제가 발생할 수 있다.

행사장에 도착하면 행사장 건물 입구에 행사개최를 알 수 있도록 외부 현수막을 걸거나 현판을 설치하고 잘 알려진 관계자가 쉽게 보이는 위치에서 영접과 안내를 수행한다. 전문적인 행사장에서는 행사안내를 위한 게시판이나 전광판 등을 활용할 수 있다. 주차장에도 유도 사인을 설치하고 행사장소가 1층이 아닌 경우나 주 출입구에서 멀리 떨어져 있으면 엘리베이터나 계단, 통로 입구 등에 복식을 갖춘 도우미나 유도 사인을 배치하여 동선 이동을 돕는다. 지하주차장에서 행사장소로 연결되는 엘리베이터 안과 각 층의 탑승 대기 공간에 행사장소를 안내한다.

행사장 로비에는 접수대나 방명록이 있고 주최자가 영접한다. 행사를 시작하기 전 대기 장소는 친교가 이루어지는 공간이므로 차나 음료 등을 제공하여 환담을 돕는다. 대기 공간에는 주최자와 행사의 의미를 전할 수 있는 동영상이나 사진 전시 등을 마련하여 이해를 돕고 교류를 위한 이야깃거리를 제공한다. 준비를 완료하면 행사장소를 미리 공개할 수 있고 동영상이나 음악 또는 레크리에이션 MC 등을 이용해 사전 분위기를 조성할 수 있다. 행사를 시작한 후에도 얼마 동안은 안내자를 배치하여 늦게 도착한 참가자를 돕는다. 그 밖에 행사 참가에 대한 답례품은 환송 시에 배포하는 것이 원칙이었지만 요즘은 거의 접수할 때 제공하는 것으로 바뀌었다.

행사 전에 시작을 몇 차례 알려 대기 공간의 참가자가 행사장 안으로 입장하고 미리 자리를 찾아 앉을 수 있도록 안내한다. 좌석의 배치는 관례에 따른 서열과 친밀도를 기준으로 배치하고 참석자 간에 충돌이 생기지 않도록 사전에 조율한다. 좌석 배치도는 행사장 입구에 게시하여 입장 전에 확인할 수 있도록 한다. 지정석이 없는 경우에도 주빈석이나 가족석 등 최소한의 의전을 고려한 좌석을 마련하여 원활한 행사의 진행을 돕고 품격을 높일 수 있다.

행사의 진행은 모든 좌석에서 가능한 한 잘 보이도록 연출해야 하지만 미흡한 때에는 영상중계를 활용한다. 출입이 자유로워 대기 공간에 머물거나 별도의 식당, 연회장, 부대행사장에 있는 참가자의 편의를 위해서도 영상중계를 활용할 수 있다. 예를 들어 요즘에는 자주 생략되는 순서이지만 가족과 친척에 한정된 프로그램인 결혼식의 폐백 장면을 중계하여 다른 참가자와도 즐거움을 나눌 수 있다. 참가자의 환송도 환영과 마찬가지로 행사장 출구에서 주최자가 진행하고 행사 후 감사편지를 1~2주 이내 바로 보내거나 직접 인사함으로써 모든 행사를 마무리한다.

9. 여러 기술의 활용

가. 프로젝션 맵핑 projection mapping

영상을 기존 스크린이 아닌 건물이나 사물 등에 투사하여 움직임
(애니메이션)을 연출하거나 환경을 조성하는 방법으로 사용한다. 영
상을 통한 배경설정은 장면전환을 빠르게 할 수 있는 장점이 있다.
영상을 활용하여 장면 전체의 정서적 변화를 표현하거나 특정 대상
만을 위한 정서적 강조도 쉽게 획득할 수 있다.

다수의 프로젝트를 활용하여 초대형의 멀티프로젝션시스템을 구
성함으로써 미디어파사드를 연출하거나, 360° 프로젝션을 활용하여
구형 형태의 입체적 영상도 실현할 수 있다. 일반영상이나 VR, AR
등과 연계하여 참가자의 동작이나 음성에 반응하는 인터렉티브 영
상의 연출도 참가자 체험의 수준과 몰입도를 높인다.

나. 홀로그램 hologram

1860년대부터 사용하였던 'pepper's ghost'에 기원을 둔 무대 기술
이다. 유리나 샤막스크린에 입체적인 3D 이미지를 투사하여 허공에
실제 사람이나 사물이 있는 것처럼 보여주는 방법을 활용한다. 이
는 허공에 영상이 맺히는 본래 의미의 홀로그램이 아니기에 무대와
객석에 침투하는 외부 빛을 적절히 통제하지 않으면 현실감이 부족
해지는 어려움이 있다. 그렇지만 환상적인 연출이 가능하기에 홀로
그램 캐릭터와 실제 공연자가 협연하는 등 다양한 방법으로 활용하

고 있다.

전시에서는 소형의 암막 상자나 피라미드형 장치를 활용한 홀로그램을 많이 사용한다. 최근에는 소형이기는 하지만 허공에 빛을 투사하여 동영상을 띄우는 실제 홀로그램도 개발되었다. 특히 AI 기술이 발달함으로써 실시간 아바타를 활용한 연출뿐만 아니라 가상 캐릭터의 활용도 많아지고 있다.

다. 드론 drone

군사 분야 정찰이나 식물 경작 등에서 주로 사용하던 드론의 활용 영역이 넓어져 물품의 배송이나 운송수단으로도 활용하고 있다. 방송에서는 특수 장면 촬영이나 부감 샷의 촬영에서 적극적으로 활용하고 있다. 또한, LED 조명을 설치한 수많은 드론을 고공에서 일사불란하게 움직여 특정 모양을 만들고 애니메이션을 보여주는 대규모 드론 쇼를 연출하기도 한다.

2018평창동계올림픽 개막식에서도 오륜기를 만들거나 스키 장면을 보여주는 등 멋진 드론 쇼를 연출하여 찬탄을 받았다. 이벤트에서 간단하게는 실시간 중계나 촬영을 위해 활용할 수 있고 메시지의 전달이나 수송 또는 적용에 따라 환상적인 연출의 수단으로도 활용할 수 있다. 다만 날씨에 영향을 많이 받는 것이 단점이다.

라. 모션캡처 motion capture

애니메이션 캐릭터의 자연스러운 움직임을 제작하기 위해서 처음 사용하던 모션캡처 기술을 실시간 공연에도 적용하고 있다. 홀로그램이나 영상의 캐릭터가 무대의 공연자나 관객과 실시간으로 상호작용하며 공연을 진행하도록 연출할 수 있다. 무대 뒤에서 배우가 모션캡처 장치를 입고 영상이나 홀로그램의 가상 캐릭터를 연기할 수 있다. 또는 엔지니어가 미리 설정한 동작이나 대사를 큐에 따라 조작하는 방법으로 사용하기도 한다.

과거의 꼭두각시 인형극의 인형을 영상이나 홀로그램의 캐릭터로 바꾸어 조종하는 것으로 생각하면 이해가 쉽다. 여기에 실제 배우가 무대에 출연하여 영상 캐릭터와 어울려 공연하거나 관객과 소통할 수 있으며 AR이나 VR을 추가하여 연출할 수도 있다. 프로젝션 맵핑 기술과의 결합도 가능하다.

마. 음성인식, 웨어러블 기기, 근거리 통신 등

음성인식의 발달로 실시간 통역이나 자막 생성 등 정보 전달이 쉬워졌고 HMD 등 웨어러블 기기나 그것에 장착한 센서를 활용하여 연출할 수 있다. 그리고 RFID, 비콘(beacon)과 같은 근거리 무선통신을 이용해 참가자의 방문기록이나 맞춤형 정보의 제공 등 이벤트연출에 다양하게 활용할 수 있다.

바. 메타버스 Metaverse

메타버스는 디지털로 만든 인간 세상이라고 할 수 있다. 메타버스는 가상현실(Virtual Worlds), 증강현실(Augmented Reality), 라이프로깅(Lifelogging), 거울세계(Mirror Worlds) 등을 말하는데 현실 세계 안에서 가상세계의 이미지를 중첩하고 네트워크로 직접 연결한다. 꼭 대형 영상이나 특별한 장비를 활용하지 않아도 누구나 지닌 스마트폰만으로도 간단하게 접근하고 활용할 수 있기에 이벤트연출에 효과적으로 활용할 수 있다. 온라인 게임과 행사장을 연계하여 AR 프로그램을 구성할 수도 있다.

가상현실(Virtual Worlds 또는 Virtual Reality)은 온라인게임과 같이 새로운 디지털 세상을 구축하는 것이고 거울세계(Mirror Worlds)는 내비게이션과 같이 현실 세계를 그대로 반영한 쌍둥이 디지털 세상(Digital Tween)이라고 할 수 있다. 라이프로깅(Lifelogging)은 SNS처럼 일상의 정보를 디지털로 전환하여 저장하고 공유하며 활용한다. 증강현실(AR, Augmented Reality)이나 혼합현실(MR, Mixed Reality)은 현실 세계를 디지털 정보와 중첩하여 보여주고 상호작용한다. AR, VR, MR을 묶어 XR(확장현실, Extended Reality)라고도 한다.

사. 인터랙티브 interactive

과거의 공연 퍼포먼스는 관람하는 것이 중심이었지만 지금은 상호작용의 체험을 지향한다. 특히 이벤트의 체험은 쌍방향 교류를 바탕으로 한다. ICT의 발달과 다양한 센서의 개발로 사물이 인간의 소리와 동작 심지어 생각과 감정에 반응할 수 있게 되었고 이러한 기술은 이벤트의 체험에 대한 참가자의 자발적 참여와 몰입감을 더욱 높인다.

영상이나 사물 등 인터랙티브 장치는 참가자의 선택에 반응함으로써 각자만의 능동적 체험 시나리오 진행을 가능하게 한다. 동작의 추적이나 음성인식 등 공연자나 관객의 행위와 명령에 영상이나 장치가 실시간으로 반응하고 움직임으로써 더욱 생생한 연출을 구성할 수 있다. 이러한 기술은 가상기술과 어울려 시간과 장소의 제약을 넘어서는 경계 없는 연출도 가능하게 한다.

아. IOT, 클라우드, 빅데이터

사물인터넷(IOT)은 사물에 다양한 센서를 결합하여 주변 환경의 상태나 사건의 정보를 수집하고 상호 간에 서로 통신하고 반응하며 정보를 축적하고 소통하는 기술이다. 초고속 무선네트워크, 웨어러블 기기, 근거리 통신, 인터랙티브 등과 결합함으로써 참가자 체험의 질적 수준을 향상하고 활용도가 높은 빅데이터를 생성하며 축적함으로써 리스크관리나 마케팅자료 등으로 다양하게 활용할 수 있다. 클라우드는 네트워크로 연결된 정보처리장치이고 어디서나 접속과 공동작업이 가능하므로 다른 ICT 기술 활용의 확장적 기반을 제공한다.

고문옥(1972). 미술노우트, 태화출판사.

권용(2004). 현대공연예술 연출방법, 연기양식, 무대미술의 시각적 분석, 드라마논총 23, 81~106.

권현정(2006). 연출의 탄생, 한국프랑스학논집 55, 317~356.

김대현(2004). 장면연출과 리듬·템포: 장소(place)와 장면(scene)의 고정성을 중심으로, 한국연극학 22, 259~391.

김미옥·심희정(2005). 영상미디어 연출과 공간성의 변화, 조형미디어학 16(8), 77~86.

김선영(2006). 패션 브랜드 플래그쉽 스토어로 본 실내 전시연출과 브랜드 아이덴티티의 조형성, 기초조형학연구 6(4). 163~174.

김영석(2021). 이벤트기획, 백산출판사.

김정현(2015). 오프닝 공연의 미디어 퍼포먼스 특성에 관한 연구, 한국디자인문화학회지 21(3), 205~217

남상식(2003). 퍼포먼스로서의 공간연출: 윤정섭의 연출작업에 대한 소고, 드라마 연구 21, 273~301.

박세령·이재령·권태정(2019). 미디어를 활용한 공연 예술의 표현 방법에 관한 연구: 리얼타임 애니메이션 기법을 중심으로, 연기예술연구 15, 83~100.

박지영·이규옥(2007). 인터랙티브 영상에 의한 유희적 공간의 효과적인 연출 방안, 기초조형학연구 8(4), 281~289.

박필제(1995). 전시공간의 조명연출, 조명전기설비 9(2), 17~20.

송은성·이혜리(2015). 미디어를 활용한 인터랙티브 공연에 관한 연구. 디지털디자인학연구, 15(2), 53~60.

신재령·이정교(2004). 테마파크 환경디자인에 관한 연구: 환경연출 특성을 중심으로, 기초조형학연구 5(2). 253~263.

신정아(2007). 무용 전문연출가를 통한 무용 공간연출 활성화 방안 연구, 숙명여자대학교 석사학위논문.

신호(2007). 조명을 통한 무용 예술의 무대 공간 시각화 방안 연구, 한국무용학회지 7(1), 75~84.

심상교(2007). 동해안별신굿에 나타난 연극적 연출의 축제성 의미 연구, 비교민속학 33, 307~332.

안민수(2005). 연극연출: 원리와 기술, 집문당.

_____(1989). 연출기능의 변천, 한국연극학 3, 131~156.

유택상(2006). 영상 표현 연출방법에 관한 연구, 디자인학연구 19 (2), 217~228.

이란표·김현중(2008). 기업의 마케팅 요구에 부합되는 전시부스 디자인 연구, 한국청소년시설환경학회 6(4), 111~121.

정진수(2006). 연극과 뮤지컬의 연출, 도서출판 연극과인간.

차은란(1996). 무용연출에 있어서의 무대 구성법에 관한 연구, 체육학논문집 24, 141~147.

최명진(2005). 영화연출 요소를 적용한 전시 디자인 방법에 관한 연구, 건국대학교 석사학위논문.

최수민·편정민(2015). 한국디자인포럼 제49호, 167~178.

한국콘텐츠진흥원(2018). 미국 콘텐츠산업동향, 미국비즈니스센터.

황명근·이장원·노재엽(2011). 최신 무대조명기술, 도서출판 아진.

Chandler, W. M.(2008). *Directing Theater 101; 10 Steps To Successful Productions For New Directors And Regional Theater Companies*, Hanover, NH: Smith And Kraus.

Dean, A. & Carra, L.(1989). *Fundamentals Play Directing*, Singapore: Thomson Learning.

Gutman, J.(1982). A Means-End Chain Model Based on Consumer Categorization Processes, *The Journal of Marketing*, 46, 60-72.

Katz, S. D.(1991). *Film Directing Shot By Shot*: Visualizing From Concept To Screen, Michael Wiese Productions.

Monta, M. F. & Stanley, J. R.(2008). *Directing for Stage and Screen*, NY: Palgrave Macmillan.

Rabiger, M.(2008). *Directing Film Techniques And Aesthetics 4th ed.*, Elsevier, Inc.

Rokeach, M.(1973). *The Nature of Human Values*. Free Press.

Peter, J. P. & Olson, J. C.(2010). *Consumer Behaviour and Marketing Strategy 9th ed.* NY: McGraw-Hill/Irwin.

찾아보기

┃기타┃

1.618배 / 80
360° 프로젝션 / 174
3막 5장 / 71
design / 22
didaskalos(교사) / 24
direction / 22
HMD / 176
IOT, 클라우드, 빅데이터 / 178
mise en scène / 22
production / 22
PR이벤트 / 140
RFID / 176
XR(확장현실, Extended Reality) / 177
zoning / 135

┃가┃

가로 배너 / 129
가무와 놀이 / 126
가변성(variability) / 19
가상 캐릭터 / 175
가상현실(Virtual Worlds 또는
    Virtual Reality) / 177
가시성 / 35
가족석 / 173
가치측정 / 144
가현운동(apparent movement) / 95

간격 / 69
간결성의 법칙(Law of Good Gestalt,
    Law of Prägnanz) / 99
감각적 기억 / 144
감독 / 52
감독회의 또는 연출회의 / 54
감사편지 / 173
강세 / 102
강조 / 61
강조, 균형, 조화 / 40
개념과 형상 / 129
개인이벤트 / 169
개최자 / 51
개최자와 전시자 그리고 방문객 / 115
개최장소 / 30
거리상의 간격 / 69
거울세계(Mirror Worlds) / 177
게릴라이벤트 / 142
게슈탈트(Gestalt), 통합적 인식 / 94
경주형 스포츠 / 152
계획적 / 11
고정시설 / 44
공간적 순서 / 109
공공이벤트 / 169
공동운명의 법칙(Law of Common
    Fate) / 98
공식 예우곡 / 167

공식행사, 학술행사 / 133
공식회의 / 122
공연 제작의 참여 / 134
공연자와의 만남 / 134
공연장이나 가설무대, 거리나 마당 / 132
공연형 / 129, 132
공유할 수 있는 경험 / 110
관여도 / 144
구도 / 79
국제회의 / 122
군중집회 / 166
궁금증을 해소 / 67
귀납적 방법 / 109
균형 / 72
그림자 색 / 74
근거리 무선통신 / 176
근접의 법칙(Law of Proximity) / 96
긍정적 / 11
긍정적 강화 / 142
긍정적 정서 / 110
기금 모집 / 134
기념 / 163
기념일 / 169
기능중심구조 / 53
기대편익 / 144
기술적 감독 / 52
기술적 배치 / 82, 87
기술적 연결 / 41, 93
기승전결 / 92
기억체험 / 20
기업이벤트 / 140
기저체험 / 20
기조연설 / 124
기조연설자 / 123
기타 감각(냄새, 질감, 맛) / 36
기타시설 / 44

긴장의 축적과 해소 / 109

▍나▍
난장의 실현 / 126
내부의 조직 / 140
내용적 배치 / 82, 87
내용적 연결 / 41, 91
내집단(in-group 또는 we-group) / 169
네트워크 구조 / 56
놀이 / 118

▍다▍
다목적 시설 / 44
다자간 회의 / 122
다중구조 / 110
단순구조 / 53
단위대열 / 130
달성가치 / 144
답례품 / 173
대기 공간 / 172
대기시간 / 143
대배우(actor manager) / 24
대조 / 68
대칭 / 76
대칭의 법칙(Law of Symmetry) / 98
도보대열 / 130
도색(물체의 색상)의 감산혼합 / 74
도우미 / 170
동기부여(incentives) / 140
동기부여관광(incentives) / 140
동기부여이벤트 / 145
동기에 따른 연결 / 92
동선 / 34
동적인 물체 / 67
드론(drone) / 175
드론 쇼 / 175

등록 / 123
등록 데스크(접수대) / 123
등장인물, 대소도구, 장치, 효과 / 85
디졸브 / 120
딥 포커스 / 120
뜻밖의 출현 / 65

▮라▮
라이프로깅(Lifelogging) / 177
레드카펫 / 165
레크리에이션 MC / 173
롱 테이크 / 120
리듬(Rhythm) / 42, 101
리듬의 연속성 / 107

▮마▮
마니아 / 134
마라톤 / 151
매체와 출연자 / 37
매체 조작하기 / 118
멀티프로젝션시스템 / 174
메가이벤트 / 149
메시지 듣기 / 118
메타버스(Metaverse) / 176
면대칭 / 77
모션캡처(motion capture) / 175
목적 / 12
몽타주 / 121
무대감독(stage manager; régisseur) / 25
무대디자인 / 39
무형성(intangibility) / 17
무희 / 132
문화관람이벤트 / 156, 159
문화이벤트 / 155
문화참가이벤트 / 156
미디어파사드 / 174

미스터 프레지던트(Mr. President) / 167
미장센(mise en scene) / 22, 40

▮바▮
반복 / 70
방명록 / 166, 171, 172
방문객 / 136
방사형 대칭 / 77
방향 / 66
배경 / 86
배경설정 / 174
배치 / 87
보색 / 70
보조 프로그램 / 133
부감 샷 / 175
부대행사 / 133
부문별 구조 / 54
분과 회의 / 122
분위기 / 105
불가분성(inseparability) / 17
브랜드(상품)이미지 / 143
브랜드(상품)체험 / 143
비교하기 / 118
비대칭 균형 / 77
비일상적 / 12
비일상적인 시공간 / 128
비콘(beacon) / 176
빛 / 34
빛의 움직임 / 35

▮사▮
사람 / 33
사물인터넷(IOT) / 178
사실 중심 연결 / 91
사적 이벤트 / 169
사전 의식 / 166

사전등록 / 124
사회문화적 관습 / 91, 109
사회문화적 요소 / 85
살펴보기 / 118
샤막스크린 / 174
서비스(운영) 제공 동선 / 45
서열, 절차, 연행방식 / 167
서프라이즈 요소 / 142
선대칭 / 77
선도자 / 132
선두 / 130
선택관람동선 / 117
설명 영상 / 46
성인의 평균 걸음걸이(4.5㎞/h) / 130
성질 / 73
소리 / 35
소멸성(perishability) / 18
소비의 환경조성 / 144
소음 / 45
손으로 만지기 / 118
수단-목적사슬(Means-End Chain) / 144
수음 / 45
스태프 / 28, 52
스탠딩 / 160
스포츠관람이벤트 / 148, 152
스포츠이벤트 / 148
스포츠참가이벤트 / 148, 153
스폰서십 / 148
시간 / 32
시간의 간격 / 69
시간적 배치 / 133
시기 / 14
시음, 시식, 시용 / 144
시인성 / 170
실시간 아바타 / 175
실제화 / 89

심리적 동기(추구요인) / 136
심리적 연결 / 92
쌍둥이 디지털 세상(Digital Tween) / 177

▌아▐

안내 사인 / 172
안내표지판 / 129
안정 / 75
안정적 평형 / 72
암막 상자 / 175
암묵적 동의 / 166
어울림 / 77
여백이나 휴지 / 106
역동감과 원근감 / 79
역사적 순서 / 109
역사축제 / 138
연결(Sequence) / 41, 91
연결의 강도 / 94
연결의 크기, 방향, 속도 / 93
연결의 타당성 / 108
연극제, 음악제, 영화제, 록페스티벌 / 155
연례행사 / 126
연상 작용 / 105
연속의 법칙(Law of Continuity) / 99
연습과 시뮬레이션 / 43
연역적 방법 / 109
연출 / 22
연출가(혹은 감독, director) / 25, 52
연출가의 현장 명령 / 49
연출 스태프 / 52
영상장치 / 46
영상중계 / 173
영신(迎神), 오신(娛神), 송신(送神) / 126
영접과 안내 / 172
영접 공간 / 85
예비의식 / 165

예술적, 심미적 가치의 실현 / 43
오른쪽(상수, stage left) / 64
완성의 법칙(Law of Closure) / 97
외부시간 / 33
외부의 고객 / 140
왼쪽(하수, stage right) / 64
움직이는 그림(tableaux vivant) / 25
웨어러블 기기 / 176
웰컴 파빌리온 / 128
위치 / 64
위험요소(리스크) / 166
유도 사인 / 172
유동인구 / 141
유사의 법칙(Law of Similarity) / 97
유인요인 / 135, 136
율동감 / 42
음성인식, 웨어러블 기기, 근거리 통신 / 176
음향장치 / 45
의도한 변화 / 21
의사결정 / 122
의장(회장 등) / 123
의전(protocol) / 167
이동시간과 휴식시간 / 133
이벤트 / 11
이벤트 사업 / 56
이벤트 시간 / 33
이벤트연출 / 27
이벤트연출가 / 28
이벤트의 유형 / 15
이벤트 장소 / 32
이벤트 체험 / 19
인공조명 / 35
인과적 관계 / 109
인과적 연결 / 93
인위적인 조형의 조화 / 77
인터랙티브(interactive) / 177

인터랙티브 영상 / 174

▌자▌
자본과 사람 / 127
자연광 / 34
자연스러운 조화 / 77
자유관람동선 / 117
장면구성(Composition) / 39, 61
장면의 구분 / 40
장면의 분위기 / 84
장면전환 / 120, 174
장면제목 / 83
장면화(Scene) / 40, 81
장소 / 13, 30
장소의 배치 / 133
장식차량(float) / 130
장치 / 45
전개와 심화 / 71
전경(대상)과 배경 / 95
전도체험 / 20
전략적 구조 / 55
전문분야별 스태프 / 52
전문시설 / 44
전시이벤트 / 115
전시형 / 130, 134
전통의 계승 / 126
절차와 형식의 재현 / 126
점대칭 / 77
점증이나 점강적 전개 / 109
접근성 / 14, 171
접수대 / 172
접촉고객 수, 접촉빈도, 이미지 변화 / 140
정리 / 71
정보교류 / 122
정서적 상황 / 36
정서적 연결 / 93

정적인 물체 / 67
정지 중의 공연 / 130
정지 지점 / 130
정치의례이벤트 / 163
정치적 캠페인 / 166
제작자(producer) / 25
제품속성 / 144
조도 / 35
조명(빛)의 가산혼합 / 74
조명, 음향, 영상 / 85
조명의 색 / 35
조명장치 / 46
조연출 / 53
조화 / 77
조화와 연결 / 106
종합적 이벤트 / 149
좌석경계 / 160
좌우대칭 / 77
좌장(진행자), 발표자, 토론자 / 122
주 연행자 / 165
주빈석 / 173
주요 장면 / 31
주의→진입→체험→상담→퇴장 / 118
주인공(주빈) / 168
주제의 제시 / 71
주최자(호스트) / 12, 13, 168
주최, 주관 / 51
중계 영상 / 46
증강현실(AR, Augmented Reality) / 177
지리적 순서 / 109
지리적, 심리적 위치 / 14
지배적 시선 / 31
지역 공동체의 결속 / 126
지역민 / 136
지역브랜드 / 127

지역의 마케팅 / 127
진행대본(시나리오) / 48
진행 시간 / 130
집단적 기억 / 36, 166

┃차┃

참가자 / 13
참가자 동선 / 45
첫 방문자 / 136
청음 / 45
체류 시간 / 134
체험동의서 / 143
체험몰입 / 20
체험의 양 / 31
체험 코스 / 135
체험형 / 130, 137
초점 / 71
총연출 / 55
총회 / 123
추념 / 163
추천 관람코스 / 134
축제감독(pageant master) / 24
축제이벤트 / 126
출시이벤트(론칭이벤트) / 140
출연자나 오브제의 자세나 방향 / 66
출연자 등장 장면 / 39
출연진 동선 / 45
출전동선 / 154
친교 / 122

┃카┃

카나페 / 123
콘셉트 / 129
큐시트(Cue Sheet) / 48
크기 / 74

클로즈 업 / 120

∥타∥

템포 / 103
통과의례 / 169
통과지점 / 130
통일감 / 77
통합(Integration) / 42, 108

∥파∥

판매촉진(SP, sales promotion) / 140
판촉 메시지 / 144
판촉이벤트 / 140, 143
패턴 / 78, 102
패턴과 박자 / 101
팬덤 / 157
퍼레이드형 / 129, 130
편의와 쾌적성 / 37
포상관광 / 140
표현요소 / 85
프로젝션 맵핑(projection mapping) / 174
프로파일(profile) / 13
플래시몹 / 142
플로트(장식차량) / 132
피라미드형 장치 / 175
픽토그램 / 153

∥하∥

핵심 프로그램 / 136

핸드헬드 / 121
행렬 / 130
행렬 구간 / 130
행사명이나 메시지 / 125
행사장과 시설 / 44
행진 중의 공연 / 130
헤일 투 더 치프(Hail to the Chief) / 167
현수막 / 123, 172
현장등록 / 124
현판 / 172
협력업체 / 28
협력자 / 13
형식과 내용 / 14
형태 / 63, 78
형태와 박자 / 42
혼합현실(MR, Mixed Reality) / 177
홀로그램(hologram) / 174
확인 목록(Check List) / 48
환경축제 / 137
환영공간 / 136
환영안내부스(웰컴센터) / 136
환영업무 / 124
환영 현수막 / 129
황금비 / 80
회의이벤트 / 122
효과 영상 / 46
효과 장치 / 46
후미 / 130

저자소개

김영석

현재 한국영상대학교 문화이벤트연출학과 겸임교수이고
경기대학교 원격교육원 교수로 관광자행동론을 담당하고 있으며
(사)관광산업연구원과 지역관광컨벤션연구소에서 연구책임자로 활동하고 있음
경기대학교에서 이벤트국제회의학 전공으로 관광학 박사 학위를 취득함
가톨릭관동대학교와 강원관광대학교에서 교수로 재직하였고
경기대학교, 동국대학교, 우석대학교 외 여러 대학에서 이벤트학 강의를 하였음
창원문화재단, PIAF, 부천국제만화축제, 수원 광복 70주년 7,000인 시민대합창
등에서 축제감독, 사무국장을 역임하였으며 이벤트그룹거인, 이벤트프로,
라스트커뮤니케이션, 광개토엔터프라이즈 등에서 기획연출과 관리책임자로
근무하였음
'이벤트산업과 윤리경영' 외 10여 편의 논문을 발표하였고
'예천세계활축제 평가', '행사서비스 단체표준 제정' 등
수십 건의 연구를 수행하고 보고서를 발간하였으며
'이벤트기획'을 저술하였음

저자와의
합의하에
인지첩부
생략

이벤트연출

2023년 1월 10일 초판 1쇄 인쇄
2023년 1월 15일 초판 1쇄 발행

저　자 김영석
펴낸이 진욱상
펴낸곳 (주)백산출판사
교　정 박시내
본문디자인 오행복
표지디자인 오정은

등록 2017년 5월 29일 제406-2017-000058호
주소 경기도 파주시 회동길 370(백산빌딩 3층)
전화 02-914-1621(代)
팩스 031-955-9911
이메일 edit@ibaeksan.kr
홈페이지 www.ibaeksan.kr

ISBN 979-11-6567-594-3　13690
값 17,000원